역사의 증인 재일 조선인

在日朝鮮人

한일 젊은 세대를 위한 서경식의 바른 역사 강의

서경식 지음 | 형진의 옮김

반비

ZAINICHI CHOUSENJIN-TTE DONNA HITO?
by SUH Kyungsik

Copyright © 2012 by SUH Kyungsik
All rights reserved.
Originally published in Japan by HEIBONSHA LIMITED, PUBLISHERS, Tokyo.

Korean Translation Copyright © 2012 by ScienceBooks

This Korean edition is published by arrangement with HEIBONSHA LIMITED, PUBLISHERS, Japan.

이 책의 한국어 판 저작권은 HEIBONSHA LIMITED, PUBLISHERS와 독점 계약한 ㈜사이언스북스에 있습니다.

저작권법에 의해 한국 내에서 보호를 받는 저작물이므로
무단 전재와 무단 복제를 금합니다.

역사의 증인 재일 조선인 在日朝鮮人

일러두기

1. 이 책은 서경식(徐京植)의 『在日朝鮮人ってどんなひと?』를 번역한 것이다.
2. 옮긴이주 중 짧은 것은 본문에 괄호 안에 (─옮긴이)로 표시해 넣었다. 옮긴이주 중 긴 것은 ●로 표시하고 각주로 넣었다.
3. 이미지와 도표의 저작권 및 출처는 각 이미지와 도표에 표시했다. 이미지 중 일부는 국내에서 출간된 『분단의 경계를 허무는 두 자이니치의 망향가』(현실문화연구, 2007)에서 인용했다.

• 한국어 판 서문

이 책의 원서는 2012년 1월 25일, 일본에서 간행되었습니다. 제가 강의하고 있는 대학의 학생들과 대화하며 써내려간 책으로, 일본에서는 '중학생의 질문 상자'라는 시리즈의 첫 번째 책으로 출판되었습니다. 말하자면, 중학생까지 포함하는 일본의 젊은이들에게 '재일조선인은 누구인가'를 가능한 한 알기 쉽게 이야기하고자 쓴 책입니다.

원래 일본 젊은이들을 대상으로 썼던 이 책을 한국 독자들에게 소개하는 것은 다음과 같은 이유로 제가 무척 바라던 일입니다.

저는 도쿄에 있는 작은 대학에서 '인권과 마이너리티'라는 강의를 하고 있는 교수이자, 일본에서 첫 책을 출판한 지 어언 20년 이상 되는 작가이기도 합니다. 그런데 제 책이 일반인들에게 이렇게 큰 반응을 불러일으킨 적이 없습니다. 반응은 크게 두 종류입니다.

하나는 "알기 쉽다", "아이덴티티에 대해 다시 생각하게 되었다", "국가와 개인의 관계를 이해할 수 있었다", "타자(피해자)의 입장에서 일본 역사나 사회의 모습을 볼 수 있었다" 같은 고마운 반응입니다.

또 하나는 "무슨 일이든 차별이나 식민지 지배 탓으로 돌리지 말라."는 유의, 견디기 힘든 갖은 악담이나 "거짓으로 학생들을 속이려 한다."는 유의 지리멸렬한 중상모략입니다. 게다가 그렇게 이야기하는 사람들은 "재일조선인 대부분은 식민지 시대에 연행된 것이 아니라 해방 후에 제주도에서 건너왔다."는 둥, 터무니없는 주장을 집요하게 반복합니다. 저는 인터넷에 익숙지 않아 최근에서야 키워드 검색이란 것을 하게 되었습니다. 제 이름과 이 책의 제목으로 검색했더니, 그런 주장을 담은 트위터나 블로그가 눈에 띄더군요. 또 '재일'이라는 키워드로 검색하니 차마 눈 뜨고 볼 수 없는 댓글들이 넘쳐났습니다.

저는 일본 사회가 병들었다고 생각합니다. 자신감 상실과 타자에 대한 증오 때문에 자가중독 증상을 보이고 있습니다. 눈에 띄게 공격적으로 차별하는 이들만 병든 것이 아닙니다. 그 심각성을 자각하지 못하고, 그저 멍하니 바라보고 있는 다수자도 병든 것과 다름없습니다. 예순이 넘게 살아온 사람으로서, 젊은 세대에게 이런 사회를 물려주는 것에 대해 자책을 금할 수 없습니다. 또 앞으로 이런 사회에서 살아가야 하는 사람들이 걱정되어 견딜 수가 없습니다. 몰이해와 차별에 포위당한 재일조선인은 물론이거니와 소수자를 차별하고 배척하는 것으로 정신적 위안을 삼는 다수자들도 걱정됩니다. 이 병이 더욱 깊어지면, 결국은 타자와 자기 자신에게 상처를 입히는 폭력으로 돌진하기 전에는 멈추지 못할 것이기 때문입니다.

이 책을 읽은 몇몇 사람들이 출판사나 제가 근무하는 대학에 "왜 이런 책을 출판했나?", "왜 이런 사람을 교수로 두는가?" 하며 항의했다고 합니다. 지금까지 독자(정말 읽었는지 의심스럽다 하더라도)로부터 이토록 강력한 반응이 돌아온 적이 없습니다. 그들의 주장 하나하나는 거론할 가치도 없는 것이지만, 엄청난 무지와 적대감에 계속 노출되다 보니, 피로감과 소모감이 쌓이는 것도 사실입니다. 이제 이런 책은 쓰지 말고, 이성적이고 양식 있는 사람들만 상대하고 싶다는 생각이 문득 덮치기도 했습니다.

그렇다고 해서 이 책을 쓴 것을 후회하지는 않습니다. 후회는커녕 점점 병들어가는 일본 사회에서 이런 책을 쓸 기회를 얻은 것은 큰 행운이었다고 생각합니다. 몇 년 후에는 이런 책을 일본에서 출판하는 것 자체가 어려워질지도 모릅니다. 이 책으로 작은 저항을 할 수 있었다면, 젊은 세대에 대한 책임을 조금이나마 완수했다고 할 수 있지 않을까 생각합니다.

그러나 제가 이 책을 한국 사람들에게도 소개하고 싶은 이유는, 일본 사회는 이렇게 병들었다든지, 일본인의 다수는 이렇게 차별적이라고 주장하기 위해서만은 아닙니다.

지금 이 책을 손에 든 당신을 포함해 한국 독자들은 '재일조선인'에 대해 무엇을, 얼마나 알고 있습니까? '같은 민족'이라는 막연한 의식 때문에 잘 모르면서 왠지 그냥 아는 것 같은 느낌만 갖고 있지는 않나요?

한국에도 '재일조선인'을 가리키는 다양한 호칭이 있습니다. 재일 한국인, 재일 한인, 재일 교포, 재일 동포, 재일 코리안, 자이니치……. 또 재일조선인이란 대체로 '조총련계'를 가리킨다고 생각하는 사람들도 적지 않습니다. 그러나 저는 '일본에 의한 식민지 지배의 결과로 일본에 살게 된 조선인과 그 자손'이라는 의미에서 '재일조선인'이라고 총칭하고 있습니다. '조선'이라는 단어를 총칭으로 사용하는 이유는 이 책에 밝혀두었습니다.

저는 재일조선인 2세(거의 3세에 가까운 2세)로 일본에서 태어나 자랐습니다. 일본의 일반 학교에 다녔고, 고등학교 시절 며칠 동안 '재일 교포 모국 하계 학교'에 참가한 것을 제외하고는 민족 교육을 받은 적이 없습니다. 저의 청년 시절은 한국의 군부 독재 시대와 일치합니다. 그 시절, 저는 '조국(조상의 출신지)'인 한국을 방문할 수 없었고 일본 사회에서 고립되어 지냈습니다. 그 때문에 나이가 꽤 들 때까지 조국의 사회나 문화에 대해 깊은 지식을 쌓지 못했습니다.

그러다 1990년대부터 겨우 조금씩 한국에 왕래하기 시작했습니다. 특히 2006년 4월부터 2년간 성공회대학교에 연구교수로 오게 되어서 실제로 한국에서 지낼 수 있었습니다. 그때의 경험은 이미 여기저기에 썼습니다만, 당시 알게 된 사실 한 가지는, 제가 조국의 사람들에 대해 잘 모르는 것과 마찬가지로, 조국의 사람들도 '재일조선인'에 대해 잘 모른다는 것이었습니다. 기대했던 만큼 이해받지는 못한다는 것을 알고 솔직히 다소 낙담했습니다. 그 이후, 저는 조국의 사람들도 '재일조선인'에 대해 정확히 알기를 바라게 되었습니다.

한국에서 지내면서 무척 당혹스러웠던 일은 어디를 가든 "외국 사람입니까?" 하는 질문을 받았던 것입니다. 간혹 일본인이냐고 묻는 이도 있었습니다. 저는 일본에서 태어나 자랐지만, '일본인'은 아닙니다. '재일조선인'으로, 한국 국적을 갖고 있습니다. 그러나 질문한 사람은 '한국인이란 이러이러한 사람이다'라는 확고한 기준이 있어서 그에 맞지 않는 저를 '외국인'으로 간주하는 것이겠지요.

독자 여러분은 이 책에 있는 '일본'이란 단어를 '한국'으로 치환하며 읽어보십시오. 그리고 '재일조선인'이란 단어를 '이주 노동자', '국제결혼 이주자', '연변 조선족' 등으로 바꾸어보세요. 그럼으로써 제가 이 책에서 '일본인'에게 묻고 있는 질문들을, 자기 자신에게 던져보시기 바랍니다. 이미 알고 있거나 당연하다고 생각하는 것이라도 다시 한번 생각해보기를 바랍니다.

구체적인 예를 하나 들겠습니다. 한국에 머물던 당시, 저는 한국에 도착하자마자 휴대전화를 개통하려고 했는데 '외국인은 안 된다'며 통신사 가입을 한마디로 거절당했습니다. 국내 은행이 발행한 신용카드가 있으면 가능하다기에 은행에 갔는데, 신용카드를 만드는 것도 여간 복잡한 일이 아니었습니다. 어렵사리 신용카드를 만든 뒤 다시 휴대전화 대리점에 가서 신청 서류를 모두 작성했습니다. 마지막 지불 단계에 이르자, 대리점 직원은 저에게 "주민등록번호는 어떻게 되시나요?" 하고 물었습니다. 그 번호를 입력하지 않으면 가입 절차가 마무리되지 않는다는 것입니다. 하지만 저에게는 그런 번호가 없습니다. 대리점 직원은 외국인 등록증도 가능하다고 했습니다. "저는 외국인이 아닙니다. 국적도 한국입니다." 하고 말하자, "그러면 출입국관리사무소에 가서 재외국민 등록을 하세요."라는 대답이 돌아왔습니다. 그 길로 다시 터벅터벅 출입국관리사무소로 가보니, 좁은 대기실에 사람이 넘쳐나고 있었습니다. 피부색이나 눈 색깔이 다른 사람도 많이 있었지만, 겉모습이 다르지 않은 조선족 동포의 모습도 많이 눈에 띄었습니다.

역사적으로 '재일조선인'은 일본 정부의 억압적인 출입국 관리 정책으로 고통받아왔습니다. 그런데 조국에서 같은 경험을 하다니, 얼마나 고약한 일인가요. 지금 한국에 있는 많은 '외국인'들은 '재일조선인'이 일본에서 맛본 것과 비슷한 경험을 하고 있는 것입니다.

저는 때때로 '국민주의'라는 용어를 사용합니다. 그것은 흔히 말하는 민족주의나 국가주의와 공유하는 특성이 있지만 엄연히 별개의 개념입니다. 국민주의란 자신이 '국민'임을 당연시하며, 아무런 의심 없이 사람들을 '국민'과 '비국민(국민이 아닌 자)'으로 나누고, 그 사이에 존재하는 부당한 차별에는 무관심한 사고방식입니다.

최근 한국에서는 "정부는 국민을 무시하지 마라!", "국민을 바보 취급하지 마라!"는 구호를 자주 볼 수 있습니다. 그런데 이러한 구호는 은연중에 '국민'이 아닌 사람의 권리에는 무신경함을 드러낸 것이 아닐까요? 국민이 아니면, 즉 외국인이나 소수자라면 무시해도 된다는 의미로 해석할 수 있으니까요. '인간을 무시하지 마라'라고 해야 하는 것 아닐까요.

제가 평생에 걸쳐 저항해온 대상이 바로 일본인 다수자의 '국민주의'인데, 한국 사람들에게도 그와 닮은꼴의 '국민주의'가 침투하고 있지는 않습니까?

한국의 어느 대학에서 재일조선인에 대해 강연한 뒤, 저보다 조금 젊은 교수에게 "마치 과거의 망령이 눈앞에 나타난 것 같다."는 감상을 들은 적이 있습니다. 한국 사람들에게 '재일조선인'은 식민지 시대의 어두운 기억을 연상시키는, 그다지 떠올리고 싶지 않은 불편한 과거의 표상이라는 사실을 그때 알게 되었습니다.

하지만 가령 일제 강점기에 강요된 '황민화 정책'이 현재도 계속되고 있다면 어떨지 상상해보십시오. 예컨대 조선어를 사용할 수 없고, 일본식 창씨를 사용해야 하며, 학교에서 민족의 역사나 문화를 배울 수 없을 뿐 아니라, 히노마루나 기미가요에 대한 의례를 강요당한다고 상상해보세요. 그런 상황은 상상조차 하고 싶지 않을 것입니다. 그러나 조금만 시각을 바꾸어보면, 그것이 바로 오늘날 재일조선인이 처한 상황임을 알 수 있습니다. 즉 식민지 지배의 흔적이 한국에서 완전히 사라졌다고는 할 수 없겠지만, 특히 해방 후에도 일본에 남은 재일조선인에게는 지금도 이런 상황이 하루하루의 현실인 것입니다. 그렇다면 이런 현실은 국내 사람들에게 '과거'일까요, 아니면 '현재'일까요?

해방 직후, 온갖 노력과 희생에도 불구하고, 민족 분단이 고착화

되어 조선 반도에 두 개의 국가가 성립했습니다. 조선 반도에 사는 사람들, 특히 분단 이후에 태어나 자란 세대는 자신이 태어난 국가의 국민인 것을 무의식중에 대전제로 갖고 있는 듯합니다. 그러나 그때 민족이 분단되지 않았더라면 어떨지 상상해보십시오.

해방 후에도 일본에 남은 60만 조선인에게는 '국적'이 없었습니다. 식민지 시절에 강제된 '일본 국적'은 1952년에 일방적으로 박탈당했는데, 당시 조국은 분단되었을 뿐 아니라, 남북 모두 일본과 국교가 없었습니다. 그 때문에 재일조선인은 처참한 무권리 상태에 빠졌습니다. 그러나 다른 시각에서 보면, 1945년부터 1948년에 걸쳐 조국의 사람들을 분단시킨 정치 폭력이, 당시는 아직 재일조선인에게까지 미치지 않았다고 할 수 있습니다. 조국이 '둘'로 분단된 후에도 재일조선인은 '하나'였습니다. 제가 전에 "재일조선인에게는 지리적인 군사경계선이 없다. 재일조선인은 '분단되지 않은 사람들'이다."라고 이야기한 적이 있는데 여기에는 그런 의미가 담겨 있습니다. 1965년의 한일조약을 계기로 한일 간에 국교가 체결되고, 재일조선인의 한국 '국민'화가 진행되었습니다. 이 과정에서 70년대와 80년대에 적지 않은 재일조선인이 군사 정권의 탄압을 받았는데, 그것도 크게 보면 '분단되지 않은 사람들'을 억지로 분단시켜 국민화하려는 정치 폭력의 결과였다고 할 수 있습니다.

그런데 지금도 조국은 분단되어 있어 한순간도 군사적 긴장에서 해방되지 못합니다. 해방은커녕 한국 국내에는 과거 군사 정권 시대로 회귀하려는 움직임조차 보입니다. 그렇다면 '분단되지 않은 사람들'인 재일조선인은 국내인들에게 한시라도 빨리 잊어야 할 '과거'일까요, 아니면 '현재'일까요?

바꿔 말하면 재일조선인은 국내의 많은 사람들이 잊고자 하는 어두운 과거나, 분단 체제가 일상생활에 미치는 영향을 새삼 떠오르게 하는 존재입니다. 저는 이 책을 읽는 국내의 여러분이 재일조선인을 '차별받는 가여운 타자'로 규정짓거나 '일본인'이라는 '악'을 만드는 것으로 자신을 정당화하지 말고, 오히려 재일조선인 속에서, 혹은 재일조선인을 차별하는 일본인 속에서 여러분 자신의 모습을 발견하기 바랍니다. 이는 계속되는 식민지주의와 분단 체제를 극복하고 미래를 향해 함께 나아가기 위해 반드시 필요한 일입니다.

이 책을 통해 제가 말하고자 하는 것은 단지 재일조선인을 차별하지 말라는 것만은 아닙니다. 더욱 중요한 것은, 타자에 대한 상상력이 없어지는 것은 자기 자신에 대한 상상력도 없어지는 것이라는 사실입니다. 저는 일본 독자들에게 이렇게 호소했습니다. "서로 다른 사람들이 다름을 인정하면서 더불어 사는 사회가 실현된다면, 일본은 재일조선인뿐 아니라, 일본인들에게도 살기 좋은 사회가 될 것입니다."

이 호소는 한국 사회를 더 나은 곳으로 만들고자 하는 한국 독자들에게도 그대로 유효할 것입니다. 여러분은 어떻게 생각합니까?

이 책의 번역은 저의 오랜 벗인 한남대학교의 형진의 교수가 해주셨습니다. 그리고 편집은 반비 출판사의 김희진 씨와 김선아 씨가 해주셨습니다. 이분들의 도움이 없었다면, 저는 한국 독자들에게 말을 건넬 수조차 없었을 것입니다. 진심으로 감사드립니다.

2012년 7월 1일
신슈(信州)의 산장에서
서경식

• 차 례

한국어 판 서문   5

제1부   전하고 싶은 이야기 1 — 조선은 나쁜 게 아니다   17

제2부   재일조선인에 관한 사실들   73

    1. 재일조선인은 왜 일본에 있습니까?   75

    2. 식민지 지배는 어떤 것이었습니까?   91

    3. 전후, 재일조선인은 어떻게 되었습니까?   131
      격동의 시대를 온몸으로 부딪혀온 재일조선인 1세,
      문금분 씨

    4. 일본 국적이 없는 것이 그렇게 곤란한 일입니까?   157
      짧은 시에 회한과 슬픔을 담아 노래해온 재일조선인 2세,
      이정자 씨

    5. 재일조선인의 삶은 일본인과 어떻게 다릅니까?   182
      조선과 관련된 모든 것을 싫어했던 재일조선인 3세,
      배귀미 씨

    6. 재일조선인 문제는 언제쯤 해결될까요?   202
      남모를 고민을 안고 사는 수많은 재일조선인 중 한 사람,
      시인을 닮은 여학생에게

제3부   전하고 싶은 이야기 2 — 차별 없는 사회를 향하여   225

옮긴이의 글   261
에필로그   267
관련 연표   269

제 1 부

전하고 싶은 이야기 1

조선은 나쁜 게 아니다

• 조선은 나쁜 게 아니다

지금부터 여러분에게 '재일조선인'이란 누구인가에 대해, 가능한 쉽게 이야기하고자 합니다.

이야기하는 저는 서경식이라는 재일조선인입니다. 60년쯤 전에 교토(京都) 시에서 태어나, 그 후 계속 일본에서 살고 있습니다.

1부에서는 먼저 제가 여러분에게 전하고 싶은 것을 이야기한 뒤, 2부에서는 재일조선인에 관한 질문들에 상세히 답하기로 하겠습니다.

역사를 안다, 자기 자신을 안다

현재 일본에는 일본 국적을 갖지 않은 재일조선인이 약 60만 명가량 살고 있습니다. 귀화 등에 의해 일본 국적을 갖게 된 사람들을 포함

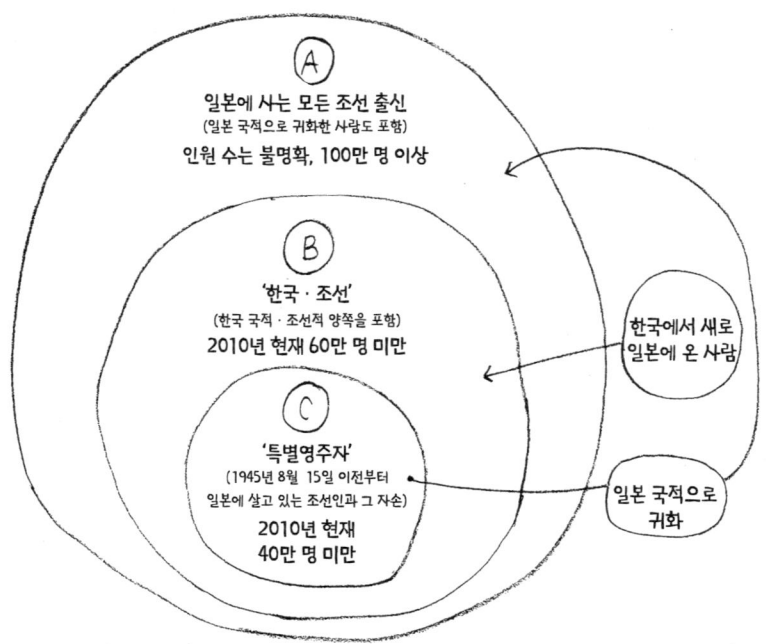

A는 B를 포함하고 B는 C를 포함한다. 위의 도표 A까지 모두 포함해 '재일조선인'이지만, 본 책에서는 사회적 통념에 따라 B를 '재일조선인'의 범위로 하여 이야기를 진행한다.

하면, 그 수는 100만 명이 훨씬 넘을 것입니다. 그래도 일본의 전체 인구와 비교해보면, 100명 중 1명 정도로 소수자입니다.

일본 국적이 없는 재일조선인은 외국인 등록을 할 때 '한국·조선'으로 분류됩니다. 여기에는 40만 명에 조금 못 미치는 '특별영주권자'도 포함됩니다. '한국·조선'이나 '특별영주'라는 말의 의미는 매우 복잡하기 때문에 나중에 설명하겠습니다.

재일조선인을 정의할 때 가장 먼저 **'일본 사회의 마이너리티** (minority)'라고 할 수 있습니다.

마이너리티란 '소수자'라는 의미의 영어로, 그 반대인 '다수자'는 머조리티(majority)입니다. 한 사회에서 무시당하거나 경시되거나 여러 가지 불평등을 강요당하는데, 그 존재가 머조리티에게 그다지 알려지지 않은 사람들, 사회적으로 힘이 약한 사람들이 마이너리티입니다.

여기서 먼저 말해두고 싶은 것은 마이너리티에 대해 아는 것은 머조리티에 대해 아는 것이고, 재일조선인에 대해 생각하는 것은 일본이라는 사회와 다수자인 일본인 자신에 대해 생각하는 것이라는 점입니다. 재일조선인의 역사는 일본인에게 '타인'의 역사가 아닙니다. 일본이라는 나라가 직접 관여해서 만든 역사이며, 말하자면 일본 자신의 역사입니다.

'재일(在日)'이란 '일본에 살고 있다'는 의미이므로 재일조선인이라는 말은 '일본에 살고 있는 조선인'이라는 의미가 됩니다. 그렇다고 하면 곧장 이런 질문이 떠오를 겁니다. '왜 (조선인인데) 일본에 살고 있는가?'

제가 일본에 살고 있는 이유는 지금부터 80년쯤 전에 할아버지가 조선 반도에서 일본으로 건너왔기 때문입니다. 할아버지는 일본의 교토에서 일자리를 구한 뒤, 자식들과 다른 가족들을 조선에서 불러들였습니다. 당시 아직 어렸던 저의 아버지도 그때 일본에 와서,

일본에서 어른이 되었고, 비슷한 경우로 조선에서 건너온 여성과 결혼했습니다. 저는 그 두 사람 사이에서, 1951년(일본 패전 6년 후)에 교토 시에서 태어났습니다.

그럼 저는 일본에 이주해온 '외국인'의 자손일까요? 이 질문에 대한 대답은 여러분에게 조금 어려울지 모르겠습니다. '외국인'이라는 말은 '다른 민족'이라는 의미로도, '다른 국적의 사람'이라는 의미로도 사용되기 때문입니다. 그리고 '민족'과 '국적'이 언제나 일치하는 것은 아닙니다.

일본의 입장에서 조선은 원래 '외국'이었지만 무력에 의해 1910년에 일본으로 '병합'되었습니다. 과거 제국주의 열강으로 불리던 세계의 몇몇 나라들은 앞다투어 다른 나라를 침략하고 지배했습니다. 영국의 인도 지배, 프랑스의 북아프리카 지배 등이 그 대표적인 예입니다. 일본도 메이지유신 이후, 열강을 흉내 내어 류큐(현재의 오키나와—옮긴이), 아이누모시리(홋카이도), 대만 등을 지배했는데 이웃 나라인 조선도 '병합'이라는 형태로 식민지 지배를 했습니다.

그 때문에 1910년 이후 조선은 '외국'이 아닌, 대일본제국의 해외 영토가 되었고 그 땅에 있던 사람들(조선인)은 '다른 민족'이면서도 같은 제국의 '신민(일본 국적)'이 되었습니다. 쉽게 말하면 1910년부터 일본이 패전한 1945년까지 조선은 일본의 일부였고, 조선인은 일본 국민의 일원이었습니다.

그래서 저의 할아버지가 일본에 왔을 때, 할아버지는 '국적이 다른 외국인'으로서 온 것이 아니고(자신이 바라던 바가 아니었다고 해도), 같은 국민으로서, 같은 영역 안을 이동한 것이 됩니다. 이 설명이 여러분에게 복잡하게 생각된다면, 그것은 '민족'과 '국민'을 구별해서 생각하는 것에 익숙지 않기 때문입니다. '민족'이란 무엇인가? '국민'이란 무엇인가? 계속 새로운 의문이 솟아오르지요. 이것은 2부에서 자세히 설명하겠습니다.

식민지 지배란 다른 민족의 토지나 자원을 빼앗거나, 노동력을 착취하는 것입니다. 일본의 식민지 지배 때문에, 토지를 잃고 일본인의 절반도 안 되는 저임금을 받으며 일하던 조선인 몇 십만 명이 살 길을 찾아 고향인 조선 반도 밖으로 나갔습니다. 저의 할아버지도 식민지 지배 때문에 고향을 떠나야 했던 조선인 중 한 사람이었습니다.

재일조선인 중 많은 사람이 이러한 사정으로 일본에 살게 된 사람과 그 자손들입니다. 재일조선인은 일본에 있는 외국인의 일부지만, 다른 재일 외국인과는 다른 특징이 있습니다.

(1) 과거에 일본의 식민지 지배를 당한 사람들이라는 점, (2) 과거에 '일본 국민'이었다는 점이 바로 그것입니다.

정확히 정의하면 **'재일조선인이란 일본의 식민지 지배의 결과로 일본에 거주하게 된 조선인과 그 자손이다.'**라고 할 수 있습니다. 나중에 말씀드릴 '특별영주자'가 바로 여기에 해당됩니다. 그리고 그 이외의 재일조선인도 이 특별영주자만큼 일본과 깊은 관계에 있습니다.

재일조선인을 간단히 '재일'이나 '자이니치(재일의 일본식 발음—옮긴이)'로 부르는 사람도 있습니다. 그러나 그런 호칭은 '일본인이 아닌데 왠지 일본에 있는 사람'이라는 의미밖에 되지 않습니다. 또 왜 조선인이 일본에 살고 있는지, 그에 관한 역사를 바로 볼 수 없게 합니다. 따라서 이 책에서는 '재일조선인'이라는 호칭을 사용하도록 하겠습니다. 호칭에 관한 자세한 설명은 나중에 하기로 하고, 지금은 이야기를 진행해 가겠습니다.

'재일조선인'에 대해 많은 일본인은 잘 모릅니다. 시험 삼아 여러분의 아버지나 어머니에게 물어보십시오. 재일조선인은 몇 명 정도 있고, 왜 일본에 사는가, 어째서 여러 가지 호칭이 있는가……. 막힘없이 대답할 수 있는 분은 적을 것입니다. 여러분의 부모님들이 역사를 제대로 배우지 못했기 때문입니다.

관동대지진 때 조선인이 우물에 독을 넣었다?

본론에 들어가기 전에 먼저 2011년 3월 11일에 일어난 동일본대지진 때, 제가 느낀 것을 이야기하고자 합니다.

지진이 있던 날, 저는 직장인 도쿄(東京) 교외의 대학에 있었습니다. 전철 운행이 멈춰서 집에 갈 수 없게 된 동료와 함께 걸어서 저의 집으로 왔습니다. 그 동료는 저의 집에서 하룻밤 묵었습니다. 시내에 나갔었던 아내 역시 집에 돌아오지 못하는 신세가 되어, 새벽 2시 무렵에야 겨우 돌아왔습니다. 도쿄조차 지진에 이토록 큰 영향을 받았는데, TV 보도를 통해 피해 지역의 모습을 보면서, 이것은 역사적인 대재해가 틀림없다는 것을 알게 되었습니다.

그때 제 머릿속에 맨 먼저 떠오른 것은 '재일조선인, 재일 외국인들은 괜찮은가?' 하는 것이었습니다.

지진이나 쓰나미의 피해를 입지는 않았을까 하는 것뿐만 아니라, 재해에 동반되는 데마고기(demagogy, 거짓 소문)에 의해 폭력에 노출되지는 않을까 하는 것 또한 걱정되었습니다.

교통망이나 통신망도 큰 피해를 입어서 지진이 있고 나서 2주 정도는 피해 지역의 상황이 거의 전해지지 않았습니다. 그러한 가운데 3월 26일자《아사히 신문(朝日新聞)》에 '외국인 절도단', '폭동, 이미 일어났다', '난무하는 유언비어, 현혹되지 않도록' 등의 머리기사와 함께 다음과 같은 기사가 실렸습니다.(이하 요지)

> 동일본대지진 피해 지역에 유언비어가 난무하고 있다. 근거 없는 소문은 입소문에 더해 휴대폰 문자로도 확산되고 있다. 미야기 현(宮城縣)의 경찰은 25일 대피소에 전단지를 배포하며 냉정한 대응을 호소했다. 경찰에 따르면 110번(한국의 112—옮긴이) 신고는 하루에 500~1000건 정도 있는데 이중에는 목격자의 착각도 적지 않다고 한다. 그러나 피해 지역에서는 '성폭행이 다발하고 있다', '외국인 절도단이 있다' 등 다양한 소문이 무성하다. 인터넷으로도 소문이 확산되고 있다.

이 기사에서는 '외국인'이 성폭행이나 절도를 하고 있다는 유언비어라고 했지만, 제가 가르치는 학생들에 의하면 인터넷에는 '조선인이 폭동을 일으키고 있다'고 명확하게 쓴 글도 있었다고 합니다.

이런 기사를 보면 사람들은 무엇을 걱정할까요? '외국인' 절도단이나 성폭행범에 대해 불안이나 공포를 느낄까요? 저는 이런 '소문' 때문에 죄 없는 마이너리티가 폭력에 피해를 입을까 걱정됩니다. 저와 똑같은 불안을 느낀 재일조선인이 적지 않을 겁니다. 하물며 그 사람이 피해 지역이나 대피소에 혼자 고립되어 있다면 얼마나 불안할까요.

이제 와서 보면 다행히 '외국인'에 의한 것이라고 특정할 만한 범죄나, 근거 없는 소문 때문에 벌어진 '외국인'에 대한 폭력은 거의 없었던 것 같습니다. 그럼에도 제가 그런 걱정을 한 것은 90년쯤 전에 실제로 그런 일이 있었기 때문입니다.

1923년 9월 1일, 리히터 규모 7.9의 거대한 지진이 관동 지방을 덮쳤습니다. 낮 12시 2분 전이었기 때문에 화재도 많이 발생해서 10만 명 이상이 죽거나 행방불명되었습니다. 바로 관동대지진입니다.

이때 6000명 이상으로 추정되는 조선인과 200명 이상의 중국인, 수십 명의 일본인이 학살당했습니다. 지진이 있던 날 저녁부터 '조선인이 방화하고 있다', '우물에 독을 넣었다' 등의 소문이 급속히 퍼져 일본인이 조선인을 습격한 것입니다. 당시 군과 경찰에 의해 청년단, 소방단 등의 자경단(自警團)이 각지에서 만들어졌는데, 이들은 조선인을 찾아내서는 일본도나 쇠갈고리, 죽창 등으로 폭행해 죽였습니다. 소문은 곧 사실이 아닌 것으로 밝혀졌지만 학살은 며칠간 계속되었습니다.

'제노사이드(genocide)'라는 말을 들은 적이 있습니까? 보통 '집단 학살'로 번역됩니다. 1948년에 유엔에서 채택된 '제노사이드 금지 조약(집단 학살 방지와 처벌에 관한 조약)'은 제노사이드를 '국민적, 민족적, 인종적, 종교적인 집단을 전부 또는 일부 파괴할 의도로 행해지는 살해 등의 행위'로 정의하고 있습니다. 쉽게 말하면 특정한 개인이 아니라 어떤 집단을 통째로 적대시하거나 위험시하여 몰아내거나 죽이는 행위가 제노사이드입니다. 나치 독일에 의한 유대인 학살이 그 대표적인 예인데 그 외에도 세계 각지에서 제노사이드가 행해져 왔습니다.

「관동대지진을 그리다—두루마리 그림·만화·어린이그림(関東大震災を描く一絵巻·漫画·子どもの絵)」(菅原白洞 『関東大震災過眼録』, 1924) (神奈川大学非文字資料研究センター)
지진이 관동 지방을 덮쳐 큰 피해가 났을 때, '조선인이 방화하고 있다'는 등의 소문이 퍼져, 6천 명 이상으로 추정되는 조선인이 학살당했다.

1부 조선은 나쁜 게 아니다

제노사이드 연구자인 도쿄 대학의 이시다 유지(石田勇治) 교수는 관동대지진 때의 조선인 학살 사건을 '일본이 관여한 세 개의 제노사이드 사례' 중 하나로 들고 있습니다. (나머지 두 개는 일본군에 의한 1937년의 '난징 학살'과 1942년의 '싱가포르 화교 학살')

이시다 교수에 따르면 조선인 학살 사건에서 가장 중요한 사실은, 치안 당국이 근거 없는 데마고기를 사실로 인정하여 관계 관청에 엄중한 단속을 요청했다는 것입니다. 또 학살의 주된 실행자가 된 자경단 조직에 지역 유지, 재향군인회뿐 아니라 경찰도 관여했습니다. 군대가 일반 시민들이 보는 앞에서 조선인을 붙잡아 살해한 경우도 있었다고 합니다.

두 번째로 중요한 것은 자경단의 폭력이 심해지자 국가가 다양한 은폐 공작을 했다는 사실입니다. 사건 후 열린 재판에서 자경단에만 책임을 묻는 한편, 마치 데마고기가 사실인 양 미디어 조작도 했습니다.

이 사건의 배경에는 정부 당국이 독립을 요구하는 조선인을 위험한 존재로 여겼던 사실이 있습니다. 이시다 교수는 "학살이 국가의 명령에 의한 것이 아니었다고 해도, 군이든 경찰이든 국가 기관이 관여했던 점은 부정할 수 없다. 실제로 재일조선인은 무방비인 채, 민중·자경단·경찰·군의 손에 붙잡혀 살해당한 것이다."라고 말하고 있습니다.

당시 주일 미국대사가 "이런 끔찍한 대학살이 백주대낮에 공공연히 행해지는 일본이라는 나라는 결단코 문명국이라 인정할 수 없다. 특히 그것을 태연히 바라보면서 제지하지 않은 일본 정부는 세계에서 가장 야만적인 정부다."라고 말한 일이 『관동대진재(關東大震災)』라는 책에 소개되어 있습니다.

그 후, 조선인 학살에 가담한 일부 일본인에 대해 시늉뿐인 재판이 이루어졌고, 그 과정에서도 소문이 사실이 아니었음이 재차 확인되었습니다. 그러나 모든 피고가 가벼운 형에 처해졌을 뿐, 진실 규명은 이루어지지 않았습니다. 전후(1945년 8월 15일 이후—옮긴이)부터 현재에 이르기까지 일본 정부는 이 사건에 대해 진상 조사, 사죄, 보상 등의 조치를 전혀 취하지 않았습니다.

학살 사건이라고 하면 먼 나라의 옛날 일처럼 생각될지도 모르겠습니다. 그러나 이것은 여러분이 나고 자란 일본이라는 나라에서 실제로 일어난 일입니다. 과거에 이런 일이 있었기 때문에 저는 이번 동일본대지진에서도 같은 일이 일어날까 봐 무척 걱정했습니다.

'그것은 이미 90년 전의 일이며 지금은 다르다'고 말할지 모르겠습니다. 제가 왜 90년이 지난 지금까지 걱정을 하는지, 그것이 바로 이 책을 통해 여러분에게 전하고 싶은 것이기도 합니다.

범죄 DNA?

관동대지진은 90년 전의 일이지만, 불과 약 10년 전인 2000년 4월 9일, 지금도 도쿄 도지사인 이시하라 신타로(石原慎太郎) 지사가 도쿄

도 내의 어느 자위대 주둔지에서 이런 말을 했습니다. 이 해 9월에 도쿄에 대재해가 있다고 상정하고, 자위대의 재해 출동 연습이 실시되었는데 그에 앞서 자위대원에게 한 말입니다.

> 이번 9월 3일에 육해공 3군을 동원하여 도쿄 방위와 재해 방지, 재해 구급을 하는 대연습을 실시합니다. 오늘날의 도쿄를 보면, 불법 입국한 많은 삼국인(三國人),* 외국인이 매우 흉악한 범죄를 반복하고 있습니다. 이미 도쿄의 범죄 형태는 과거와 다릅니다. 굉장히 큰 재해가 일어났을 때에는, 아주 커다란 소요 사태도 상정할 수 있는 상황입니다. 그러한 상황에 대처하기 위해서는 경찰력만으로는 한계가 있습니다. 그러한 때에 여러분이 출동해서, 재해 구급뿐 아니라, 치안 유지 역시 여러분의 커다란 목적으로 생각하고 수행해주기를 기대합니다.

이 발언은 '삼국인'이라는 용어가 차별적이라는 이유로, 언론에서 문제가 되었습니다. '삼국인'이란 일본 패전 직후에 사용된, 조선인과 대만인을 가리키는 매우 차별적인 말입니다. 도쿄 도지사라는, 매우 높은 지위에 있는 공무원이 그런 용어를 사용했기 때문에 비판받았는데 지사는 사죄하거나 발언을 철회하지 않았습니다.

---

* '삼국인'은 원래 당사국 이외의 '제3국의 국민' 일반을 가리킨다. 하지만 패전 후 연합군 점령하에서 일본 국적이 없이 일본에 거주하는 조선인, 대만인 등의 '구 일본인'을 가리키는 차별적인 말로 쓰였다.—옮긴이

그런데 사실 '삼국인'이라는 말만이 문제가 아닙니다. 이시하라 지사의 발언은 더욱 큰 문제를 내포하고 있습니다.

먼저 확인할 것은, 과거의 재해 때 외국인이 대규모로 일본의 일반 주민에게 피해를 준 사실이 없다는 점입니다. 오히려 앞서 말한 것처럼 재일조선인이 일본인에 의해 학살당했습니다. 대재해가 일어나면 신상이 위험하다고 불안을 느껴야 하는 것은 일본인이 아니라 외국인이고, 그런 의미에서 이시하라 지사의 말은 반대입니다.

또한 이시하라 지사는 자위대에게 재해 구조뿐 아니라 치안 유지도 해주기 바란다고 말합니다. 그러나 치안 유지는 자위대 본래의 존재 이유에서 벗어난 것입니다. 자위대의 임무는 방위와 재해 구조이고, 치안 유지는 경찰의 업무입니다. 2차대전 패전 전, 일본에는 군대가 본래의 임무를 넘어 국민 생활 전반을 간섭하고 통제한 군국주의 시대가 있었습니다. 그에 대한 반성에서 전후 여러 나라가 패전국인 일본에, 자위대는 본래의 임무를 일탈해서는 안 된다고 요구했습니다. 지사는 그 합의를 뒤집는 발언을 한 것입니다.

이시하라 지사는 '불법 입국한 삼국인, 외국인이 매우 흉악한 범죄를 반복하고 있다'고도 말합니다. 외국인 범죄가 일반적으로도 증가하고 있는 듯 말하지만 자세히 살펴보면 그 대부분은 흉악한 형사 범죄가 아니라, 출입국관리법 위반 같은, 체류 지위 등에 관련된 행정상의 위반 행위입니다.

매년 일본에서 상당수의 범죄자가 검거되어 처벌받고 있고 그들 중에는 외국인도 있습니다. 거주, 상업, 관광, 유학 등 다양한 목적으로 일본 사회에 있는 외국인 중, 일정 비율로 범죄를 저지르는 사람이 있는 것은, 생각해보면 이상한 일이 아닙니다. 그것을 '외국인이기 때문에 범죄를 저지른다'는 식으로 말하는 것은 전형적인 '인종주의'입니다.

장 폴 사르트르라는 프랑스 철학자는 『유대인』이라는 책에서 유럽 사람들의 마음속에 자리 잡은 유대인 차별 감정에 대해 다음과 같은 예를 들어 설명하고 있습니다.

어떤 여자가 소중한 모피를 세탁하려고 맡겼는데 그만 타서 눌린 자국이 생겨버렸습니다. 그 여자는 화를 내며 "저 가게 주인은 역시 유대인이라서."라고 말했다고 합니다. 이에 대해 사르트르는 '왜 그 사람을 미워하지 않고 유대인 전체를 미워하는가' 하고 질문한 뒤, 그것은 많은 유럽인이 옛날부터 마음속에 가져왔던 차별 감정을 이 여자도 갖고 있기 때문이라고 지적합니다. 나치 독일에 의한 대규모 유대인 학살이 가능했던 배경에는 일반 사람들의 이와 같은 차별 의식이 있었습니다.

비슷한 일을 우리도 일상생활에서 경험할 수 있습니다. 제가 어느 날 택시를 타고 운전기사와 잡담을 나누던 때의 일입니다. 무슨 이야기 끝에 화제가 중국으로 갔는데, 그 운전기사가 기묘할 만큼 단호하게 "나는 중국인을 싫어합니다."라고 하는 것입니다. 어쩌면 제가 쉽게 그에게 동의하리라 생각하고, 가벼운 마음으로 말했는지 모릅니다.

"왜죠?"라고 제가 되묻자 운전기사는 "이전 회사에 중국인 동료가 있었는데 지각을 많이 하고, 동료들에게 퍽 민폐를 끼쳤기 때문"이라고 대답했습니다. 저는 계속 물었습니다. "그 사람은 민폐를 끼치는 사람이었을지 모르지만, 그게 중국인이기 때문입니까?" 운전기사가 입을 다물어버렸기 때문에 제가 말을 보탰습니다. "중국인은 십수 억 명이나 있습니다. 당신이 우연히 알게 된 것은 그중 한 명이겠지요. 그 한 명을 보고 중국인은 이렇다라고 어떻게 단정할 수 있습니까?" 운전기사는 "어쨌든 나는 싫습니다."라고 했고 대화는 중단되었습니다.

이 운전기사는 말투도 정중했고, 매우 좋은 사람처럼 보였습니다. 인종차별을 할 사람처럼 보이지 않았고, 본인도 그렇게 생각하지 않겠지요. 그러나 이러한 가벼운 대화, 그러니까 불쾌한 경험을 했을 때 상대가 '어느 나라 사람이니까'라며 그 집단 전체를 싫어하는 감정을 느끼고 또 그것을 당연하게 여기는 대화 안에 무서운 위험이 숨어 있는 것입니다.

'저 중국인 녀석들', '저 유대인 녀석들', '저 재일조선인 녀석들'……. 이렇게 타자 집단을 일괄해서 '저 녀석들은 우리와 다르다, 저 녀석들은 이렇다'라고 그 집단의 성격을 규정하는 것이 인종주의의 특징입니다. 나치는 이런 생각을 바탕으로 유대인을 비롯한 마이너리티를 대량 학살했습니다. 일본에서는 전쟁 때, '기치쿠베이에이(鬼畜米英, 귀축미영)'라는 상투어를 사용해 미국이나 영국 사람들은 모두 '괴물' 같은 무리라고 가르쳤습니다. 그런 일들이 전 세계에서 행해져 온 것입니다.

전쟁은 인간이 인간을 죽이는 행위로, 특히 본 적도 없고 알지도 못하는 상대를 '적국의 국민'이라는 이유만으로 죽이는 것입니다. 구체적인 이유도 없이 사람을 죽이는 것은 간단한 일이 아닙니다. 그래서 전쟁 수행을 위해 국민에게 이러한 적의나 차별 의식을 갖게 하는 일이 행해진 것입니다. 바꿔 말하면 이러한 차별 의식은 전쟁으로 이어지는 위험한 것입니다.

유엔인종차별금지조약에는, 가맹국(일본도 가맹국입니다.) 정부는 고위 공무원이 민족 간, 인종 간 증오를 부추기는 언동을 하는 것을 금지할 의무가 있다고 명기되어 있습니다. 학살이나 전쟁의 위험을 미연에 방지하기 위해서입니다. 앞서의 이시하라 지사의 발언에 대해 유엔인권문제소위원회에서는 인종차별금지조약에 위반된다며 비판했습니다. 그러나 이시하라 지사는 반성도, 사죄도 하지 않았고 일본 외무성은 그런 이시하라 지사를 변호했습니다.

인종차별금지조약 가맹국들은 국제 조약에 따라 자국 법률을 정비하게 되어 있지만, 일본 내에는 차별 금지법이 없습니다. 다른 집단에 대한 증오를 부추기는 언동, 즉 '증오 범죄(Hate crime)'를 처벌하는 법률이 있는 나라도 있지만 일본에는 그런 법률이 없습니다. 일본에서 인종차별적 언동은 사실상 손을 놓은 상태라 해도 과언이 아닙니다.

또 다른 장소에서, 이시하라 지사는 '중국인이 저지르는 범죄는 일본인이라면 생각할 수 없을 정도로 잔혹한 것으로, 이 범죄 DNA를 미연에 방지해야 한다'는 취지의 발언도 했습니다. '중국인에게 범죄 DNA가 있다'는 말은 어딘가 이상합니다. DNA란 유전자를 가리킵니다. 인간이 범죄를 저지르는지, 아닌지가 유전자로 정해집니까? 그 '범죄 DNA'를 '어느 나라 사람'이라는 집단의 전원이 공통으로 갖고 있는 것입니까? 일본에서 적발되는 범죄자 중에는 외국인도 있지만 대부분은 일본인입니다. 어느 일본인의 흉악 범죄가 DNA 때문이라고 한다면, 일본인인 이시하라 지사도 같은 범죄 DNA를 갖고 있는 것이 됩니다.

실제로 인간이 범죄를 저지르는 것은 DNA 같은 태생적인 요인 때문이 아니라, 환경이나 교육 등 후천적인 요인에 의한 것입니다. 그렇기 때문에 형벌의 목적은 보복(응보형)이 아니라 '갱생'을 위한 교육(교육형)에 있다고 하는 것입니다. 저는 사형에 반대하는데 그 이유 중 하나는 사형이라는 형벌이 인간에게서 갱생의 기회를 최종적으로 빼앗는 것으로 교육형의 이념에 반대되기 때문입니다. 만일 어떤 집단에 대해 '갱생 불가능한 범죄 DNA를 갖고 있다'는 등의 폭력적인 논의가 통한다면, 그 집단 전원을 살해하는 일도 정당화될 수 있겠지요. 실제로 나치가 한 짓이 바로 이런 짓입니다.

도쿄 도지사라는 고위 공무원이 이와 같은 차별 발언을 반복하고 있다는 것이, 재일조선인에게 얼마나 무서운 일일지 상상해보십시오. 그런데도 이시하라 지사는 선거 때마다 압도적으로 많은 표를 얻어 당선되었습니다. 왜일까요? 어쩌면 그 택시 기사 같은 사람들을 대신하여, 그들이 공개적으로는 입 밖에 내지 못하는 본심을 이시하라 지사가 말하기 때문일지도 모릅니다. 그렇다면 정말로 무서운 것은 이시하라 지사 개인이 아닙니다.

지진이 일어난 동북 지방에도 재일조선인이 있다

일본에 몇 명의 외국인이 살고 있고, 그중 동일본대지진의 피해 지역에는 몇 명이 있는지에 대한 통계가 있습니다.

2010년 현재, 일본 전국에 213만 4151명의 외국인이 등록되어 있습니다. 외국인 등록은 단기 관광이나 업무차 일본에 온 사람 등은 그 대상이 아닙니다. 일정 기간 이상 일본에 살고 있는 외국인들만 등록하는 것입니다.

외국인 등록법은 1952년에 제정되었습니다. (이 법의 전신은 1947년에 칙령으로 반포된 외국인 등록령입니다.) 이 법률은, 외국인은 일본에 입국한 날로부터 90일 이내에 등록할 것을 의무화하고 있고, 이를 위반했을 경우에는 최고 '1년 이하의 징역이나 금고, 또는 20만 엔 이하의 벌금'에 처할 수 있다고 정하고 있습니다. 또 외국인 등록증이라는 카드를 항상 휴대해야 하며, 경찰관 등의 요구가 있을 때에는 이를 제시해야 한다고 규정하고 있습니다.

이 통계에서는 일본에 사는 외국인을 '한국·조선', '중국', '필리핀', '브라질', '페루', '기타'로 분류하고 있습니다. '한국·조선'이란 일본의 법무성이 조선 민족을 분류하는 기호입니다. (국가를 가리키는 '한국'과, 민족을 가리키는 '조선'을 이렇게 나란히 쓰는 것은 올바르지 않은데, 이에

피해 지역의 등록 외국인 수

	한국·조선	중국	필리핀	브라질	페루	기타
아오모리 현	1,039	1,828	563	22	4	1,001
이와테 현	1,105	3,018	919	111	5	1,033
미야기 현	4,407	7,231	1,027	154	43	3,239
후쿠시마 현	1,994	4,879	2,284	274	65	1,835
이바라키 현	5,780	15,726	7,991	8,536	2,036	14,370

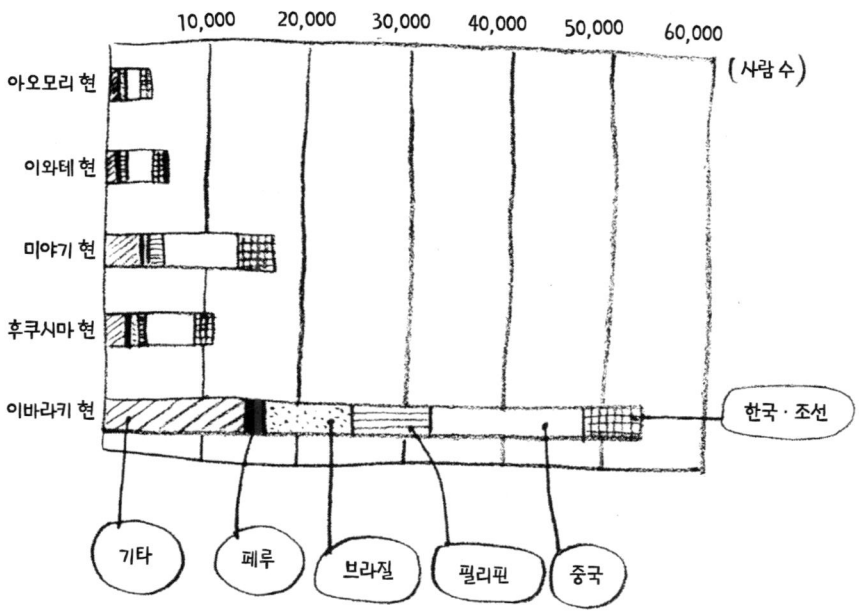

대해서는 나중에 설명하겠습니다.)

이 중 가장 많은 사람이 '중국'으로 68만 7156명이고, 그다음이 '한국·조선'으로 56만 5989명, 세 번째가 '브라질'로 23만 552명입니다.

'중국'이라는 분류 항목에는 중화인민공화국 국적인 사람과 함께 대만 국적인 사람도 포함됩니다. 일본 정부에 의한 편의적인 기호인 셈이지요. '브라질'이나 '페루' 항목은 일본계 사람들이 대부분입니다. 1989년에 일본의 출입국관리법이 개정되어 일본계 브라질 사람과 그 가족을 적극적으로 받아들이기 시작하자, 다수의 일본계 브라질인들이 일본으로 돈벌이를 위해 오게 되었습니다. 이들 대부분은 공장 노동자로, 군마 현(群馬県)의 오타 시(太田市), 도치기 현(栃木県)의 오야마 시(小山市), 아이치 현(愛知県)의 도야마 시(富山市), 도요하시 시(豊橋市), 시즈오카 현(静岡県)의 하마마쓰 시(濱松市), 기후 현(岐阜県)의 오가키 시(大垣市) 등의 공장 지대에 살며 야근 등 일본인 노동자가 꺼리는 일을 도맡아 했습니다.

이 통계에 들어 있지 않은 사람들, 즉 외국인 등록이 되어 있지 않은 사람들이 이른바 '불법 체류자'입니다. 그 수는 정확하게 파악할 수는 없지만 수만 명 이상으로 추정됩니다.

그런데 이번 지진 피해 지역에서 '한국·조선'으로 등록되어 있는 사람의 수를 보면 아오모리(青森), 이와테(岩手)에는 적고, 이바라키(茨城), 후쿠시마(福島), 미야기(宮城)에는 많습니다. 왜일까요? 아오모리, 이와테는 농업과 어업 등의 1차 산업이 주된 산업이기 때문입니다.

농어업 분야는 과거에 외국인 일자리가 별로 없었습니다. 식민지 시대에 조선인은 탄광이나 광산, 혹은 도시의 공장에서 3D(힘들고, 더럽고, 위험한) 업종에 종사했습니다. 후쿠시마, 이바라키에는 광산이 있는데, 영화 「훌라걸스」에서도 소개된 리조트 시설은 원래는 조반탄광(常磐炭鑛)이라는 탄광이 있던 곳으로, 많은 조선인이 이곳에서 일했습니다. 이렇게 식민지 시대에 일본에 와서 그대로 살고 있는 조선인과 그 자손은 '특별영주'라는 재류 자격을 가지고 있는데, 거기에 1945년 이후 한국에서 와서 사는 사람들도 있어서 이 둘을 합해 외국인 등록 상 '한국·조선'으로 분류하는 것입니다.

오늘날에도 재일조선인이 많이 사는 곳은 오사카 시(大阪市), 가와사키 시(川崎市), 도쿄 도, 고베 시(神戸市), 후쿠오카 시(福岡市) 등의 도시로, 농어업이 번성한 지역에는 별로 많지 않습니다.

하지만 농어업 지역에서 젊은이들이 빠져나가 인구가 감소(과소화)하고, 일손이 부족해져 산업을 유지할 수 없게 되자, 최근에는 연수생이라는 명목으로 많은 외국인 노동자를 받아들이고 있습니다. '외국인 연수생' 제도에 의한 유입은 1981년부터 시작되었는데, 활성화된 것은 1990년대 후반부터입니다. 그런데 '연수'라는 명목이기 때문에 급여가 매우 적거나, 직장에서 인권 무시를 당하는 등 여러 문제점도 지적되고 있습니다.

동북 지방의 어업 지역에 많은 '중국' 사람들은, 대부분 수산 가공 공장에서 일하는 외국인 연수생으로 추정됩니다. 또 농업 지역에는 필리핀 등지에서 농촌으로 결혼해 온 여성도 많이 있습니다.

이번 지진 때 후쿠시마 현에 있는 도쿄전력의 원자력 발전소 사고로 대량의 방사선이 누출되어 일본뿐 아니라 세계적으로 오염을 일으켰습니다. 원전 주변이나 비교적 가까운 곳은 매우 높은 수치의 방사선에 오염되어, 살던 사람들이 돌아올 수 없는 상태가 계속되고 있습니다. 주민들이 일상적으로 생활하고 있는 지역 중에도, 방사선 수치가 높은 곳이 많습니다. 방사선이 건강에 미치는 영향은 어릴수록 크기 때문에 문부과학성에서는 후쿠시마 현 내의 학교에 방사선량을 측정하는 계측기를 무료로 대여하고 있습니다. 하지만 고리야마 시(郡山市)에 있는 조선 학교에는(15명의 초등학생과 중학생이 다니고 있음) 한 대도 대여해주지 않았습니다. 일본 정부가 조선 학교를 일반 학교와 같이 분류하지 않고 자동차 교습소나 전문 학교 등과 같이 분류하고 있기 때문입니다.

1945년 일본 패전 직후, 일본에 있던 조선인들은 그때까지 금지되었던 자신들의 역사와 언어를 배우기 위해 각지에 자주적으로 조선 학교를 세웠습니다. 현재는 유치원에서 대학교까지 약 100개 교에 2만 명 정도의 학생이 다니는 것으로 추정됩니다. 조선 학교는 일본 학교와 동등한 대학 수험 자격이나 공적 보조를 요구하고 있지만 일본 정부는 학교교육법 제1조에서 정하는 정식 학교로 인정하지 않고 있습니다.

저는 지진 발생 3개월 후인 2011년 6월에 한 조선 학교를 방문했습니다. 학교에서 보호자들과 상의 후 학생들을 니가타(新潟)의 조선 학교로 피난시켜 합동수업을 하고 있었기 때문에 학생들은 학교에 없었고 남아 있던 이사장님이 인근 주민들이 호의로 빌려준 계측기로 매일 방사선량을 측정하고 있었습니다. 방사능을 씻어내는 제염(除染)이라는 작업도 이사장님과 보호자들이 자력으로 하고 있었습니다. 오염된 운동장의 표토를 긁어내는 작업에는 돈이 700만 엔이나 든다며 곤혹스러워했습니다. 그렇지 않아도 일반 학교와 비교해 많은 불리함을 안고 있는 조선 학교의 학생과 보호자들은 같은 피해 지역 안에서도 더 불리한 상태에 놓여 있다고 할 수 있습니다.

6월 11일에는 후쿠시마 현 소마 시(相馬市)에 사는 낙농업자가 자살했습니다. 원전 사고에 의한 방사능 오염 때문에 우유를 출하할 수 없게 되어, 짜낸 우유를 버리는 나날이 한 달이나 계속되었다고 합니다. 수입도 끊어지고 빚도 갚을 수 없게 되어, 기르던 소 40여 마리를 처분해야 하는 상황에 내몰린 것입니다. 빚을 내어 새로 지은 축사 벽에는 분필로 쓴 '원전만 없었다면'이라는 유언이 있었다고 합니다.

세부 내용에 주의해서 기사를 읽어보면, 이 낙농업자의 부인이 필리핀 사람이라는 것을 알 수 있습니다. 지진 후 일시적으로 필리핀으로 피난 가 있던 부인과 세 아이는 낙농업자의 장례식에 달려와 서로 부둥켜안고 통곡했다고 쓰여 있습니다.

이어지는 기사('메마른 개척지, 외국인 부인의 눈물',《아사히 신문》2011년 7월 25일자)에서는 "휴대전화의 전파도 끊어지는 산속 농장에, 초등학교 1학년과 유치원생인 두 아이를 혼자 감당하게 된 부인(33)이 남겨졌다. (중략) '일본어도 제대로 모르고, 남편의 죽음에 동반되는 법적

절차를 주변에 의지해야 하는 자신이 답답하다.'"고 전하고 있습니다. 말도 잘 안 통하고, 시스템도 잘 모르는 사회에서 남편을 잃고, 생활 기반도 파괴된 이 부인은 얼마나 괴로울까요. "앞으로 어떻게 하나. 여기는 나에게는 이국이지만 아들들에게는 고향이다. 마음이 혼란스럽다."

일본은 패전 전에는 식민지의 노동력을, 전후에는 개발도상국의 노동력을 이용해 경제 발전을 이룩했습니다. 이 기사에서는 소마 시후쿠료젠 지구(副靈山地區)에 대해, "종전 다음 해, 군대에서 돌아온 농가의 차남, 삼남과 구 만주에서 귀환한 사람들이 삼림을 개간해 만든 개척지"라고 쓰고 있습니다. 과거에 일본은 동북 지방이라는 가난한 지역에서 농가의 차남, 삼남 등 하층민으로 내몰린 사람들을 해외의 전쟁터나 식민지로 보냈습니다. '만주(현재의 중국 동북 지방)'뿐 아니라 조선으로 간 사람도 많았습니다. 이곳은 패전 후 그 사람들이 귀환해서 개척한 토지였습니다. 1960년 무렵부터 고도 경제 성장기에 들어서면서 농업, 어업, 임업 등 1차 산업이 쇠퇴해가는 가운데, 농촌은 생활이 어려워지고 인구도 줄어들었습니다. 이런 상황에서 농업을 계속하려면 외국인의 손을 빌리지 않으면 안 됩니다. 같은 기사에서는 이에 대해 다음과 같이 설명하고 있습니다.

"메마른 지역을 지키고 있는 사람들은 아시아에서 온 외국인이다. 매일 아침 후쿠료젠의 한쪽에서는 젊은 여자의 중국어가 울려 퍼진다. 계육처리장에 다니는 20명의 중국인 실습생들이다. 이들은 지역 인구의 1할을 차지한다. (중략) 농가 유지에도 공헌하고 있다. 동북 지방의 농촌이 '외국인 신부'를 적극적으로 맞이하기 시작한 것은 80년대 후반. 지금 후쿠시마 현에는 2000명이 넘는 필리핀인이 살고 있다."

이렇게 큰 지진 피해를 입은 지역에도 역사적인 경위나, 산업 발전에 깊이 연관된 형태로 많은 외국인이 살고 있습니다. 그들 역시 일본 사회의 구성원으로, 그들이 없다면 일본 사회는 기능을 멈출 것입니다.

지진과 원전 사고에 대한 재건이나 피해 보상은 '일본의 부흥' 또는 '힘내라 일본' 등과 같은 말에서 볼 수 있듯 국가의 논리로 이루어집니다. 그 때문에 자살한 낙농업자의 부인인 필리핀 여성을 비롯해 피해 지역의 외국인들이, 일본 사회의 구성원이면서도 보상 단계에서 다시 한 번 버림받는 것은 아닌지 걱정됩니다.

같은 날 《아사히 신문》에는 '외국인 요양보호사 부디 늘려주기를'이라는 투고가 실려 있었습니다. 요양보호사 업무는 일이 힘들어서 이직률이 높아 일손이 부족하니 외국인 요양보호사를 늘려서 일손 부족을 해결해달라는, 특별양호양로원(한국의 저소득층 노인을 위한 요양병원에 해당한다.—옮긴이)에 있는 80세 노인의 비명에 가까운 투고였습니다. 일본인만으로 구성된 '단일성' 사회로는 살아갈 수 없으므로, 다양한 외국인과 공존하는 '다양성' 사회를 향해 가기 바란다는 내용이었습니다.

이 투고를 읽은 뒤, 저는 투고자의 절실한 호소에 공감하면서도, 솔직히 복잡한 심정이 되었습니다. 외국인 같은 타자를 받아들여 함께 살기 위해서는 상대를 존중하고 평등하게 대우하는 것이 필요합니다. 그러나 이 책에서도 말했듯, 일본은 재일조선인처럼 과거(식민지 시대)부터 있어온 타자에게 사회 안에서 정당한 지위를 부여하지 않았습니다. 그런데 지금 저출산 고령화 시대를 맞이하여 일손이 부족해지자, 외국인 노동력을 늘려달라고 하는 것은 조금 뻔뻔한 이야기가 아닌가 하고 느꼈습니다.

우연히 같은 날, 같은 신문에 실린 두 개의 기사는, 일본이 앞으로 외국인을 받아들여, 다양한 타자와 함께 다양성 있는 사회를 만드는 방향으로 나아가는 것 외에 방법이 없다는 것을 나타내고 있습니다. 하지만 그것은 간단한 일이 아닙니다. 식민지 시대부터 있어온 제도는 물론 그것에 의문을 갖지 않는 사람들의 생각을 바꾸어야 하기 때문입니다. 자기중심적인 생각을 바꾸지 않는다면 타자를 사회 안에서 동등한 구성원으로 인정하지 않을 것입니다. 그러면 '가난해서 일본에 올 수밖에 없었을 것이다'라든지 '일을 시켜주니 고맙게 생각해라' 등과 같은, 차별 의식을 기반으로 한 다양성밖에 되지 않을 것입니다. 그것은 과거 제국주의 시대의 식민지 지배와 다르지 않습니다. 일본 사회와 일본인의 의식이 바뀌지 않으면 평등하고 다양성 있는 사회를 만들 수 없습니다. 그런 사회를 만들기 위해서는 반드시 먼저 식민지 지배의 역사나 재일조선인 문제를 올바로 직시하고 해결해야 합니다.

민족 차별에서 국민주의로

일본이 조선이나 중국 동북 지방(만주)을 식민지 지배하던 시대에는, 민족 간에 우열을 나누어 공공연히 차별하는 것을 당연시했습니다. 만주국에서는 민족에 따라 주식 배급량에까지 차별을 두었습니다. 여러 민족에 피라미드 같은 순서가 정해져 있었고 그 정점에는 물론 일본인이 있었습니다.

하나의 예를 소개하겠습니다. 가토 아츠미(加藤敦美) 씨의 「조선·나의 원체험에서(朝鮮·私の原体驗から)」라는 글입니다. 가토 씨는 만주의 남단, 압록강을 사이에 두고 조선의 맞은편에 위치한 안동이라는 마을에서 자랐습니다. 이렇게 지배자 측 민족으로 식민지에 사는 사람들을 '식민자(植民者)'라고 합니다. 그의 아버지는 남만주철도(만철)의 직원으로 식민지의 엘리트였습니다.

다소 길지만 가토 씨가 발행한 개인 신문인 《아카기다니 그림 소신문(赤木谷絵入り小新聞)》 1999년 11월·12월 합본호에서 인용하겠습니다. 어린이의 수가 천 명 남짓인 금주초등학교에 다니던 시절의 추억입니다.

> 4학년 여름방학이 끝나고 얼마 지나지 않았을 무렵, 운동회 연습이 시작되었습니다. 어느 교사가 '스모 체험'이라는 것을 공연물로 내놓자고 해서 우리는 모두 훈도시(일본 남성의 전통 속옷으로 폭이 좁고 긴 천으로 되어 있다.—옮긴이)를 사서 차고는 '하나, 둘, 셋, 넷…… 단련하라

육체, 갈고닦자 정신……' 하는 노래에 맞춰 율동을 했습니다.

우리 반에는 조선 아이가 두 명 있었습니다. 한 명은 이명덕이라는 아이로, 아버지가 만철에 근무하고 있었는데, 차별적인 저임금을 받으며 중국인 거리에 살고 있었습니다. 후에 그는 나와 친한 친구가 되었습니다……. 또 한 명은 임진준이라는 아이로, 동작이 둔하고, 멍청하고, 뚱뚱한 아이였습니다. 친구도 없고 모두가 무시하는 존재였지요.

오후 첫 시간은 '스모 체험' 연습으로 학생들 모두 교실에서 알몸으로 훈도시를 차고 있었습니다. 그런데 언제나 내 주변을 맴돌며 괴롭히는 개구쟁이 사이토가, 훈도시를 차지 않고 가만히 있는 임진준을 주목해서는 "야, 임진준. 훈도시 안 차?"라며 다가섰습니다. 임 군은 고개를 숙이고 대답하지 않았습니다. 가난해서 훈도시를 살 수 없었던 것입니다. 사이토는 "야, 초센, 훈도시 차!"라며 시비를 걸더니 "야, 팬티 벗어."라고 말했습니다. 훈도시를 차려면 팬티를 벗어야 하니 벗으라고 한 것입니다. 임 군은 처음으로 "싫어."라고 말했습니다.

사이토는 "야, 벗어." 하더니 졸개 몇 명과 하나가 되어 저항하는 임 군을 막무가내로 손발을 누르고 팬티를 벗기고는 시끄럽게 떠들며 놀려댔습니다. "야! 자지, 자지, 임진준의 자지. 임자, 임자." 나는 임 군이 처음으로 성내는 것을 보았습니다. 임 군은 얼굴이 새빨갛게 되어 사이토에게 달려들었습니다. 싸움이 벌어졌고, 교실은 난장판이 되었습니다. 그때 담임인 구라우치 요시오(倉內良雄)라는 중년의 교사가 문을 열고 들어왔습니다. (중략) 나는 교사가 틀림없이 싸운 이유를 물을 것이라고 확신하고 있었습니다. 잘못이 사이토에게 있는 것은 명백했습니다.

그러나 구라우치는 아무 말 없이, 알몸으로 서 있는 임 군의 팔을 덥석 잡고는 질질 끌고 갔습니다. 그 바람에 임 군이 넘어졌고, 너무 놀라 죽은 사람처럼 축 늘어졌는데 구라우치는 임 군을 붙잡아 일으켜 세우는가 싶더니 갑자기 유도 기술을 써서 공중으로 내던졌습니다. 임 군의 하얀 몸은 무방비로 사지가 벌려진 채 붕 떴다가 교실 바닥에 내동댕이쳐졌습니다. 구라우치는 눈도 못 뜬 임 군을 일으켜서는 입을 절반만 벌리고 "조선인 주제에 일본인에게 덤비다니, 건방진 놈." 하고 호통 치며 세차게 따귀를 때렸습니다.

이 일련의 사태에는 사이토조차 충격을 받은 것 같았습니다. 모두가 꼼짝 못하고 얼어붙어 있었습니다. 구라우치는 계속해서, 허연 성기를 그대로 드러내놓고 있는 임 군을 교단 옆에, 우리들을 향해 세워 두었습니다. 나는 임 군이 굵은 눈물을 끝도 없이 쏟아내는 것을, 뭐라 표현할 수 없는 착잡한 심정으로 바라보았습니다.

구라우치는 특별히 폭력적인 교사는 아니었습니다. 사범학교에서 천황에게 충성하는 정신 교육을 받고 몸에 익혀온 보통의 교사, 훈도(일제강점기의 초등학교 교원을 일컫는 말—옮긴이)였습니다. 어떻게 상대가 조선인이라는 사실만으로, 고작해야 초등학교 4학년인 아이를 느닷없이 이렇게까지 때려눕힐 수 있을까? 당시 조선인에게 일본인이란 이런 존재였습니다.

그리고 가토 씨는 이렇게 적었습니다.

"사죄하라! 천황은 사죄하라! 일본인은 사죄하라!"

패전 후 일본으로 귀환한 가토 씨는 이와 같은 경험을 개인 신문에 계속 써왔습니다. 독자는 많지 않았지만 마음속에 응어리진 것을 토해내지 않고는 있을 수 없었던 것 같습니다.

여기에 묘사된 장면은 결코 극단적인 예외가 아닙니다. 그 세대의 조선인 중에는 이런 학대를 받은 기억을 이야기하는 사람이 드물지 않습니다. 그러나 그런 이야기를 하는 일본인은 기묘하리만큼 소수입니다. 이지메를 당한 쪽은 잊지 않지만, 이지메를 한 쪽은 가토 씨 같은 사람을 제외하고는, 아무 일도 없던 것처럼 입을 다물고 있는 것입니다.

패전 후 일본에는 민주주의 이념하에 민족의 우열을 정해 특정 민족에게 폭력적이고 노골적인 차별을 해서는 안 된다는 표면상의 원칙이 세워졌습니다. 그 때문에 앞에 나서서 차별하겠다는 사람은 옛날보다 적어졌습니다. 그러나 정말로 마음 깊이 반성한 것인지 실제로 차별이 없어졌는지에 대해서는, 유감스럽지만 의문입니다. 가토 씨가 이야기해준, 그런 기억을 숨긴다면 진정한 반성은 불가능할 겁니다.

식민지 시대에는 일본인도, 조선인도 같은 국적을 가진 '대일본 제국 신민'이었지만, 패전 후 일본은 조선인과 대만인 등 '구 식민지 신민'의 일본 국적을 빼앗았습니다. 그 결과 차별 형태가 과거의 '민족적 우월' 의식에서 '국적의 유무(자국민인가, 외국인인가)'로 바뀌었습니다. 저는 이것을 '국민주의'라고 부릅니다. 이렇게 해서 일본 사회의 다수자는 마치 식민지주의가 과거의 일이 된 듯한 느낌을 갖게 되었습니다.

그러나 후에 자세히 이야기하겠지만, 일본의 국적은 과거에도, 지금도 '혈통주의' 원칙에 입각해 정해집니다. 국적을 정하는 방법에는 '혈통주의' 외에, 태어난 나라의 국적을 갖는 '출생지주의'가 있습니다.

일본은 '일본 국민의 자식이 일본 국민이다'라는 방식을 택하고 있습니다. 일본인이라는 '혈통'에 의해 '국적'이 정해지기 때문에 국적의 유무로 차별하는 것은, 민족의 차이로 차별하는 것과 사실상 같습니다.

패전 후의 일본은 겉으로 드러나는 차별의 형태만 바뀌었을 뿐, 뿌리 깊이 박힌 마음은 그대로인 것 아닐까요? 오히려 차별하기가 더 쉬워진 것이 아닌가 합니다. '조선인이기 때문에 차별받는 것이 당연하다'고 말하기는 껄끄러워도 '일본 국적이 없기 때문에 어쩔 수 없다'고 하면 간단하기 때문입니다.

'자이니치(재일)'라는 호칭

'자이니치'이라는 말은 "저 사람 '자이니치'인 것 같아."라든지, "저는 '자이니치'입니다."와 같은 식으로 사용됩니다. 일본에 있는 일본인을 굳이 '자이니치'라고 하지는 않기 때문에 '자이니치'라고 하면,

즉 '일본에 있으나 일본인이 아닌 자'라는 의미밖에 되지 않습니다. 그러나 실제 사용 시에 의미하는 것은 대부분 '재일조선인'입니다.

올바르게 하자면 '재일조선인'이라고 해야 하는데 '조선인'을 빼고 '재일'만 말하는 방식이 널리 퍼진 이유는 몇 가지로 생각할 수 있습니다.

우선 '조선'이라는 말에 대한 불편함입니다. '조선'이란 말에 어두운 이미지가 있어, 그 말로 부르면 서로 불편해질 것을 우려하는 것이지요. 일본인 중에는 상대를 '조선인'으로 부르면 왠지 차별하는 것 같아 불편해하는 사람도 있습니다. 그 때문에 배려하듯이 '저쪽 사람' 또는 '조선 쪽 사람'이라고 하기도 합니다. 또 재일조선인 중에도 '조선인'으로 불리기를 꺼리는 사람이 있습니다.

'조선'이라는 민족 호칭이 그대로 차별어가 되어버렸기 때문입니다. 차별어라서 사용하기 거북한 것입니다.

앞서 인용한 가토 씨의 문장 중에도 이지메 하는 아이가 "야! 초센, 훈도시 차."라고 말하는 부분이 있습니다. 이처럼 쓸 때는 가타카나로, 말할 때는 독특한 억양으로 '초센'이라고 하는 것은, 어느 세대까지는 매우 자주 사용된 차별어입니다.

> 민족과의 첫 만남 초센진이라 조롱당하던 여섯 살 봄이었네.(『돌아보면 일본(ふりむけば日本)』)

이것은 이정자(李正子)라는 여성의 단카(短歌)*입니다.

이 단카에서 '민족과의 첫 만남'은 자신이 타자라는 것을 뼈저리게 느꼈다, 자신의 민족과 마주하게 되었다는 것을 뜻합니다. '여섯 살 봄'은 초등학교에 들어간 여섯 살 때를 뜻합니다. 이 씨는 초등학교에 입학했을 때 다른 아이들에게 '조센'이라는 말을 듣고, 나는 어느 나라 사람인가, 나는 다른 아이들과 무엇이 다른가, 대체 민족이란 무엇인가 하는 문제에 처음으로 부딪혔던 것입니다. 그때의 심정을 어른이 되고 나서 이 단카로 읊었습니다. 이것은 식민지 시대의 이야기가 아닙니다. 이 씨는 1947년 미에 현(三重県) 우에노 시(上野市, 현재 이가 시[伊賀市])에서 태어났습니다.

1944년, 교토 시에서 태어난 박실(朴實) 씨도 중학교 졸업 후에 들어간 작은 회사에서 겪은 경험을 이렇게 적었습니다.

> 그곳에서는 노골적인 민족 차별 용어가 일상적으로 사용되었다. 누구든 일을 망치면 "바보야, 초센이야!"라고 호통 쳤고, 말을 섞고 싶지 않은 상대에 대해서는 "바보와 초센과는 상대 안 해!" 운운하는 등 무슨 일에든 '조센'이라는 말이 모욕적으로 난무하고 있었다. 나는 점점 조선에서 도망쳐 일본인처럼 행동하며 완전한 피에로가 되었다.(『민족명을 되찾은 일본적 조선인(民族名をとりもどした日本籍朝鮮人)』)

박 씨는 조선인임을 숨기고 살다가 일본인 여자와 서로 사랑하게

●──── 하이쿠(俳句)와 함께 일본의 대표적인 정형시로 5, 7, 5, 7, 7조의 구성으로 되어 있다.─옮긴이

되어 결혼하려고 합니다. 그러나 그녀의 부모와 친척은 재일조선인과의 결혼을 맹렬히 반대했습니다. 그녀의 어머니는 결혼을 막으려고 자살 기도까지 했습니다. 박 씨는 어쩔 수 없이 일본으로 귀화하는데, 그것이 '중대한 과오'였다고 나중에 생각하게 됩니다.

이정자 씨도, 박실 씨도 저와 거의 같은 세대입니다. 저도 '초센'이라는 차별어를 들으며 자랐습니다. 어렸을 때, 제가 조선인이라는 것을 남에게 말할 때, 높은 곳에서 '에잇!' 하고 뛰어내릴 때와 같은 용기를 내야 했던 것이 지금도 기억납니다. 또 일본인 지인이나 친구들은 저를 '조선인'이라고 부르기를 꺼려하며 매우 난처해했습니다. 이것은 이상한 일, 잘못된 일이 아닌가요?

'조선'이란 원래 '베트남', '멕시코'와 같이 나라나 지역을 나타내는 말이고 '조선인'은 '베트남인', '멕시코인'과 마찬가지로, 어떤 사람들의 집단을 나타내는 말입니다. 멕시코인을 멕시코인이라고 부르는 것에 그렇게 주저하지는 않겠지요.

일본인에 대한 차별어로 재퍼니즈(japanese)라는 영어를 짧게 만든 '재프(jap)'라는 말이 있기는 하지만, '일본'이나 '일본인'이라는 호칭이 그대로 차별어가 되었다고 생각해보십시오. 어느 나라나 민족의 호칭이 그대로 차별어라니, 어처구니없는 이야기지요.

'조선'이라는 말에 어두운 이미지나 주저함이 따라다니는 것은, 역사가 그 말에 무거운 짐을 지웠기 때문입니다. 일본이 조선을 식민지로 지배한 역사이자 일본의 패전으로 식민지 지배가 끝난 후에도, 민족이 분단되어 두 개의 국가로 나뉘게 된 역사 말입니다.

근대(메이지 시대) 이후, 일본에서는 '조선'이 열등한 것을 나타내는 말로 사용되었습니다. 식민지 시대에는 '조선'이라는 말조차 사용하지 않고 '조'를 뗀 '선인(鮮人, 일본 발음으로 센진—옮긴이)'이나 '조선 반도'에서 '조선'을 뗀 '반도인(半島人, 일본 발음으로 한토진—옮긴이)'이라는 호칭이 일반적으로 사용되었습니다. 그런 잘못된 의식을 제대로 반성하지 않은 채, 일본의 패전으로 식민지 지배가 끝난 후에도 그대로 이어왔기 때문에 '조선'이라는 말을 사용하는 것이 일본인에게나 조선인에게 거북한 상태가 계속되는 것입니다.

'초센'이라는 표현 외에도, '촌(チョン)', '촌코(チョン公)', '아사코(アサ[朝]公)', '바카촌(バカチョン)' 같은 차별어(이 단어들은 일반적으로 '바보', '멍청이'라는 의미이다.—옮긴이)가 있는데 그 유래는 모두 '초센'입니다. '초센'은 말하자면 학대받아온 말입니다. 학대받은 사람들은 더 학대받을 것이 두려워서, 학대한 사람들은 그 사실에서 눈을 돌리려고 이 말을 피하고 있는 것은 아닐까요. 그러나 이 말만 사용하지 않으면 차별이 없어집니까?

설령 마음이 무거워도 역사를 알고, '조선'이라는 말을 학대에서 구해내야 합니다. 그리고 말을 구하기 위해서는 학대받고 있는 사람들을 구해야 합니다. 그렇기 때문에 저는 '자이니치'만으로 불리는 이들이 '조선인'이라는 것을 확실히 하기 위해서라도 '재일조선인'으로 불러야 한다고 생각하고 그렇게 부르고 있습니다. 이렇게 정확히 부름으로써 그 사람이 누구인가, 왜 일본에 있는가 하는 문제, 즉 존재의 '역사적 유래'를 떠올리게 되기 때문입니다.

조선의 분단과 호칭 문제

'조선'이라는 말을 사용하기 거북한 또 하나의 이유는 조선이 남북으로 분단되었기 때문입니다.

조선은 원래 하나의 나라였지만, 1910년에 일본에 식민지로 병합되면서 나라가 없어졌습니다. 나라가 없는 탓에 여러 고난을 경험한 조선인들은 다시 독립국이 되기 위해 노력했고 큰 희생을 치르며 싸웠습니다. 1945년에 일본이 패전했을 때, 이젠 하나의 나라로 독립할 수 있으리라 기대한 것도 당연한 일입니다.

그러나 여기서 다시 새로운 고난이 시작됩니다. 조선 반도는 전쟁에 승리한 연합군에 의해 남북으로 갈라져, 남쪽은 미국이, 북쪽은 소련이 점령하였습니다. 분할 점령은 분명 통일 국가로 독립할 때까지의 임시 조치였지만 미국과 소련의 대립으로 결국 1948년에 남북에 두 개의 국가가 각각 수립을 선언했습니다. 그것이 대한민국(남조선)과 조선민주주의인민공화국(북조선)입니다.

이렇게 하나의 민족이 두 개의 국가로 나뉘어 대립하다가 1950년에는 격렬한 조선전쟁(한국 전쟁—옮긴이)까지 일어났습니다. 전쟁은 1953년에 정전되었지만 정식으로 종전이 되어 평화가 회복된 것이 아닙니다. 남북은 60년 가까이 지난 현재에도 정전 상태인 채 대립이 계속되고 있습니다.

이 대립이 민족의 호칭 문제에 큰 영향을 주고 있습니다.

'재일조선인'을 '재일 한국인'으로 부르는 사람도 있지만 이것은 적절하지 않습니다. '재일 한국인'이라는 호칭은 한국 국적을 가진 사람(한국 국민)이라는 의미라면 적절하지만, 이 말로 모든 재일조선인을 나타내는 것은 불가능합니다. 재일조선인 중에는 한국 국적이 아닌 사람들(일본 국적이나 나중에 설명할 '조선적'● 등)도 있기 때문입니다. '재일 한국·조선인'이라는 표현도 있는데, 이것은 더 부적절하다고 생각합니다. 이유는 간단한데, '한국·조선'이라는 나라도, '한국·조선인'이라는 민족도 실제로 존재하지 않기 때문입니다. 그럼에도 이런 부적절한 표현이 사용되는 이유는 남북 분단 상태가 계속되고 있어서 조선인 스스로 이것이 맞다, 이렇게 불러달라고 통일된 명칭을 발신할 수 없기 때문이라고 생각합니다.

NHK 어학 강좌에 '한글 강좌'가 있습니다. 한글은 조선어로 문자를 뜻합니다. '한'은 '가장 크고 올바른' 또는 '완전한'이라는 의미이고 '글'은 문자라는 의미지요. '한글 강좌'는 '조선 문자 강좌'라는 의미가 됩니다. 참고로 '한글어'라고 하는 사람도 있는데, 이것은 '조선 문자어'라는 의미가 되어 더욱 부적절합니다.

왜 한글 강좌라고 하게 되었느냐 하면, '조선어'라고 해야 할지, 아니면 '한국어'라고 해야 할지 하는 문제에서 합의를 이룰 수 없었기 때문입니다. NHK가 '조선어 강좌'로 하려고 하자 한국 정부나 한국과 연결된 단체들이, 자신들이 조선인 전체를 대표한다는 입장에서 항의했습니다. '한국어 강좌'로 하려고 했더니, 이번에는 북조

●── 이 책 143쪽 참조.

선을 지지하는 다른 단체가 항의를 합니다. 그래서 '한글 강좌'로 개강하게 된 것입니다.

남북 대립이 심했던 1950년대부터 1980년대 말경까지 한국에서 '조선'이라는 말은 역사적 명칭이나 옛날부터 있는 회사 명칭 등의 몇몇 예외를 제외하고 금지되었습니다. 북조선이 이 말을 나라의 명칭으로 사용하기 때문에 북에 대항하는 자신들의 정당성을 강조하고자 한 것입니다. 그 때문에 이 시대에 교육받은 세대 중에는 '조선'이라는 말에 반발을 느끼는 사람들도 있습니다. 그것이 북쪽을 가리키는 말, 혹은 근대 이전에 존재한 옛 왕조의 명칭(조선 왕조)이라고 생각하는 것입니다.

호칭 문제가 난감해서 '코리안(Korean)'이라는 영어를 가타카나로 쓰는 사람도 있습니다. 코리아는 옛날 조선 반도에 있었던 고려라는 나라의 명칭으로 대항해시대에 서양인이 사용한 호칭이 정착한 것입니다. 일본이 지팡구*라고 불리고, 그것이 영어로 저팬(Japan)이 된 것과 같습니다.

영어로 대한민국, 조선민주주의인민공화국은 각각 'Republic of Korea'와 'Democratic People's Republic of Korea'가 됩니다. 통칭은 'South Korea'와 'North Korea'입니다.

한국의 '한(韓)'은 옛날 조선인들이 자신들을 가리켜 입말로 '한'

●——— 마르코 폴로의 『동방견문록』에 일본을 '황금이 많은 나라(cipangu)'라고 소개한 것에서 유래한다.—옮긴이

으로 부른 것에서 유래한 호칭으로, 거기에 '韓'이라는 한자를 붙인 것입니다. '조선'은 고대부터 중국이 조선을 부를 때 사용하던 호칭으로, 일본에 식민지 지배를 당할 때까지 500년 이상(1392년~1910년) 계속된 왕조의 이름이기도 합니다.

이렇게 '한국'도, '조선'도 원래 '고려'와는 별개의 말이지만, 양쪽 모두 영어 번역이 코리아로 된 것입니다. '나는 한국인입니다.'도, '나는 조선인입니다'도 영어로는 모두 '아이 엠 어 코리안(I am a Korean)'이라고 표현되어 구별하려 해도 할 수 없습니다.

한편 일본에는 '조선'이라고 하면 북조선(조선민주주의인민공화국)을 가리키는 것으로 잘못 인식하고 있는 사람도 많습니다. "나는 조선인입니다."라고 하면 "북조선 분입니까? 언제 일본에 왔습니까?" 등의 반응을 보이는 경우도 있습니다. 그러나 조선민주주의인민공화국도 역시 조선인이라는 민족이 사는 나라나 지역 중 하나에 지나지 않습니다.

이렇게 호칭 하나만 보더라도 매우 복잡한데 그것은 식민지 지배를 당한데다 남북 분단까지 경험한 조선의 역사 그 자체의 복잡함을 반영합니다.

저는 지금까지 말한 이유로 민족 전체를 가리킬 때는 '조선', 그 사람들이 사용하는 말을 가리킬 때는 '조선어'라고 해야 한다는 입장입니다. 어떻게든 통일된 호칭을 하려고 노력하지 않는 것은, 분단과 대립을 극복하려는 노력을 포기하는 것으로 이어진다고 생각하기 때문입니다.

또한 호칭은 당사자들이 실제 느끼는 감각에 따라 선택되어야 한다고 생각합니다. 저의 부모 세대인 재일조선인 1세들은 스스로를 '조선 사람'이라고 불렀습니다. '한국 사람'이라는 호칭은 저의 부모님에게는 익숙하지 않은 것이었습니다. 대한민국이라는 나라도, 조선민주주의인민공화국이라는 나라도 부모님이 태어난 뒤에 생긴 것이기 때문입니다. 나라를 잃었을 때에도, 두 개의 나라가 생긴 후에도 저의 부모님은 변함없이 자신을 '조선 사람'으로 인식하고 있었습니다.

재일조선인 문제를 통해 일본 사회를 생각하다

이러한 복잡한 역사와 현상 때문에, 당사자인 재일조선인들은 언제나 '나는 누구인가'를 끊임없이 생각합니다.

아이덴티티(identity)라는 영어 단어를 알고 있습니까? 그것은 몰라도 ID카드라는 말을 들은 적이 있을 겁니다. 신분증명서를 가리키는 ID는 아이덴티티의 약어입니다. 동사형은 identify로 identify A to B(A가 B와 동일하다는 것을 증명하다)라는 식으로 사용합니다. 이렇게 아이덴티티란 본래, '그 사람이 누구인지 증명'한다는 의미인데, 적당한 일본어 번역이 없기 때문에 그대로 '아이덴티티'라고 쓰는 경우가 많습니다.

여러분은 자신의 아이덴티티를 어떻게 생각하고 있습니까? 여러분 중 많은 사람은 외국에 가서 "당신은 누구입니까?"라는 질문을 받으면 "일본인입니다."라고 대답하겠지요. 그렇게 대답하는 사람의 아이덴티티는 '일본인'이라는 집단의 일원이라는 자각에 의해 유지되고 있습니다. "무엇이 그것을 증명합니까?"라고 다시 질문받으면, 당신은 여권을 보여줄지도 모르겠습니다. 거기에는 '당신이 일본 국민인 것을 일본 정부가 증명한다'고 쓰여 있습니다.

그렇지만 더 깊이 들어가 이런 질문을 받으면 어떻게 대답하겠습니까?

"여권은 국가가 써준 서류에 지나지 않지요. 왜 당신은 자신이 '일본인'이라고 생각합니까?"

어떤 사람은 "나에게는 일본인의 피가 흐르고 있습니다."라고 대답하겠지요. 그러나 '일본인의 피'라는 것은 무엇입니까? 외국인의 피와 어떻게 다른가요?

어떤 국민들이 고유한 '피'를 공유하고 있다고 생각하는 것을 '순혈주의'라고 합니다. 그래서 자국인과 외국인 사이에서 태어난 아이를 '혼혈아'라고 부르던 시절도 있었습니다. 나치 독일은 자국민의 우수한 '피'를 지키기 위해서라는 명분으로 유대인과 성적 관계를 갖거나 결혼하는 것을 법률로 금지하고, 위반자는 처벌해서 강제수용소로 보냈습니다. 물론 실제로 국민 전체가 같은 '피'를 공유하는 경우는 없습니다. 과학적으로는 어느 나라 사람이든 '피'로 구별되는 일은 없습니다.

그럼 "조상이 일본인이기 때문입니다."라고 대답하겠습니까? 그러나 조상이 어느 나라 사람이었는지 어떻게 증명합니까? 또 조상이라고 하면 어디까지 거슬러 올라갑니까? '일본인'이라는 자각은 그렇게 옛날부터 존재하던 것일까요? 에도 시대(1603년~1867년—옮긴이)의 사츠마(薩摩, 현재의 가고시마 현[鹿兒島縣]) 사람과 아이즈(会津, 현재의 후쿠시마 현) 사람은 서로 같은 일본인이라는 일체감을 갖고 있었을까요?

어떤 사람은 "나는 일본 문화를 몸에 익히고 있으며 일본어를 사용합니다."라고 대답할지도 모르겠습니다. 그러나 '일본 문화'란 무엇입니까? 가부키? 다도? 애니메이션? 그런 것이라면 일본인이 아닌 사람들(예를 들면 저와 같은 재일조선인)도 잘 압니다.

이렇게 생각하면 여권을 사용하지 않고 일본인임을 증명하는 것은 어려워집니다.

그런데도 많은 사람이 이런 의문을 진지하게 고민하는 일 없이 일본인이라는 아이덴티티를 계속 갖는 것은, 여권이 나타내고 있는 것처럼, 국가가 그것을 증명해주기 때문입니다. 그럼 어느 날 갑자기 국가가 그것을 증명해주지 않게 되면 어떻게 하겠습니까? 예를 들어 일본이라는 나라가 다른 나라에 병합되어 없어진다면? 또는 국가가 당신의 국적을 취소해버린다면? 그때는 무엇을 아이덴티티의 근거로 삼겠습니까? 매우 난감하겠지요. 그런 일이 실제로 일어난 것이 재일조선인이라는 존재입니다. 게다가 여러분의 나라인 일본이 그런 일을 재일조선인에게 강제한 당사자입니다.

세계인의 대부분이 어느 국가에 속하고, 그 국가가 증명해주는 것을 아이덴티티의 근거로 삼고 있습니다. 그러나 그 근거는 절대적으로 고정되어 있는 것이 아닙니다. 누가 국민인가 하는 것(국적)은 국가가 법률로 정합니다. 그러나 법률은 그 나라 사람들이 정하는 것이기 때문에 법률을 어떻게 정하느냐에 따라 국민의 범위는 얼마든지 바뀝니다. 지금 당신과 외국인 사이에 그어져 있는 선도, 얼마든지 이동하는 것입니다. 사실 재일조선인은 어느 순간에 갑자기 그 선 안으로 끌려 들어왔다가, 또 다른 순간에 그 선 밖으로 내몰린 존재입니다.

국가에 속하지 않으면 자신의 안전이나 권리를 지킬 수 없다는 것은 유감스럽지만 아직 현실입니다. 재일조선인이나 다른 난민(예를 들면 팔레스타인 사람)은 속하는 국가가 없거나 혹은 불안정하기 때문에 불리하고 불편한 생활을 강요받고 있습니다.

전에 가르쳤던 학생 중에 '조선적'의 재일조선인 여성이 있었습니다. '조선적'은 나중에 설명하겠지만, 국적이 아닌 기호에 불과합니다. 그 때문에 그녀는 사실상 무국적자로 여권을 취득할 수 없었습니다. 제가 학생들을 인솔해서 폴란드의 아우슈비츠 수용소 박물관을 방문하는 연수를 실시했을 때, 그 학생만 폴란드 입국이 어려워 동행을 단념했습니다. 얼마나 안타까웠을까요.

아버지가 아프가니스탄 난민이고 어머니는 일본인인 학생도 있었습니다. 우수한 스포츠 선수였지만 그런 사정 때문에 무국적이어서 해외에서 하는 합숙이나 대회에 참가하기 어려워 무척 고생했습니다. 그리고 "그렇게 고생하느니 일본 국적으로 귀화하는 게 어때?"

하는 주변 사람들의 권유에 매우 혼란스러워했습니다. 귀화하는 것이 아프가니스탄 사람인 아버지를 부정하는 것이 되지는 않을까 하는 생각, 그리고 일본 국민이 되어 일본이라는 나라를 대표해서 경기에 나가는 것은 잘못된 것이 아닐까 하는 의문이 있었기 때문입니다. 그 선수는 그 후에도 계속 고민하고 있을 겁니다.

복잡하고 곤란한 역사가 계속되었기 때문에, 재일조선인들, 특히 젊은이들은 자신의 아이덴티티에 대해 줄곧 고민하고 있습니다. 이들은 태어나고 자란 일본이라는 나라에서 '열등한 자'로 취급되고, 언제까지나 '이방인'입니다. '일본인'으로 살면 편리할 수는 있겠지만, 그것은 자신들을 차별하는 쪽으로 입장으로 바꾸는 것이 됩니다. 그리고 조부모의 출신지인 조선 반도는 두 개의 나라로 분단되어 대립이 계속되고 있습니다. 게다가 조선에 가본 적도 없고, 조선어도 모르는 젊은이가 대부분입니다. 일본인지, 한국인지, 조선민주주의인민공화국인지, 어디에 속하면 좋은지, 아니, 과연 속할 수는 있는 것인지. 쉬운 대답은 없습니다. 매우 심각한 고민입니다.

그러나 이렇게 고민하는 것이 나쁘지만은 않다고 생각합니다. 적어도 어떤 의문도 없이 국가에 몸을 맡기는 삶보다는, 타자의 고통을 상상하고 국가라는 조직이 일으킨 잘못에 마냥 휘둘리지 않는 삶에, 보다 인간적으로 사는 기회가 주어질 것이 틀림없습니다.

나의 경험

저는 1951년에 교토에서 태어났습니다. 아버지가 어릴 때 할아버지에 이끌려 일본에 왔기 때문에 저는 재일조선인 3세에 가까운 2세가 됩니다. 앞서 소개한 이정자 씨나 박실 씨, 혹은 2부에서 소개할 김경득 변호사도 저와 같은 세대로 비슷한 경험을 했습니다. 이 세대 재일조선인 중에는 가난이나 열악한 환경 때문에 잘못된 길로 빠진 사람도 있었는데 그렇게 되는 것도 무리는 아닌 상황이었습니다.

저의 집은 교토 시에서도 조선인이 많이 사는 지역 근처에 있었는데, 그래도 쉰다섯 명인 한 학급에서 조선인은 네다섯 명에 불과했습니다. 학교에서 압도적인 소수자였고, 주위 사람들 대부분은 패전 전부터 이어진 조선인에 대한 차별 의식을 그대로 갖고 있었습니다.

저는 "초센, 초센, 빠가 하지 마."라는 놀림을 귀에 못이 박히도록 들었습니다. 재일조선인 1세들이 일본인들에게 차별받을 때, "조선인이라고 바보(바카) 취급하지 마."라며 필사적으로 저항했는데 이때 '바카(バカ)'라는 말을 '빠가'로 잘못 발음했겠지요. 조선인에게 일본어는 외국어이기 때문에 발음하기 어려운 말이 있는 것은 당연합니다. 그런 조선인의 일본어 발음을 흉내 내어 놀린 것입니다.

당시 저는 통명(通名, 본명이 아닌 일상에서 사용하는 일본 이름)으로 학교에 다니고 있었기 때문에, 제가 조선인이란 사실을 알고 있는 아이는 몇 안 됐습니다. 저도 그 사실을 감추고 있었습니다. 그렇지만 다른 조선인 학생이 이 놀림을 당하는 것을 항상 보았습니다. 그런데 어느 날, 한 학생과 작은 싸움이 났을 때 마침내 이 놀림이 저를 향해 날아왔습니다.

'조센'이라고 욕을 들어도, 저는 그 말의 의미를 잘 몰랐습니다. '조센'은 어디에 있는지, 왜 '조센'인 나는 여기에 있는지 잘 몰랐습니다. 그저 그 말이 '너는 열등한 이방인'이라는 뜻인 것만은 설명을 듣지 않아도 잘 알 수 있었습니다.

학교에서 그런 일이 있던 날 집에 돌아오면, 아무 말 안 해도 어머니는 저의 표정으로 모든 것을 알아차리고, 꼭 끌어안으며 "조선은 나쁜 게 아니야. 조선은 조금도 나쁘지 않아." 하고 제 귀에 속삭여 주었습니다. 제가 나쁜 길로 빠지지 않은 것은 가정이 비교적 경제적으로 안정되어 있었고 어머니가 훌륭한 분이었고, 또 형들이 공부를 잘하고 싸움도 잘했기 때문입니다. 그런 좋은 조건에 있던 저는 예외적인 존재였습니다. 그렇지 않은 대부분의 재일조선인 아이들은 얼마나 힘들었을까 지금도 상상합니다.

어머니는 여섯 살 때 일본에 왔습니다. 가난, 조선인에 대한 민족 차별, 그리고 조선인 속에서의 여성 차별 때문에 어머니는 평생 한 번도 학교에 다닐 수 없었습니다. 또래 아이들이 학교에 다니는 것을 곁눈으로 보면서 애 보기부터 시작해, 교토의 전통 산업인 니시진오리(西陣織, 교토에서 나는 비단으로, 일본의 대표적인 고급 직물—옮긴이) 직공 등, 다양한 일을 쉬지 않고 했습니다. 어느 목수 집에서 식모살이를 할 때는 "너는 여기서 먹어."라며 어머니에게만 마당의 간이의자에서 식사를 주었다고 합니다. 당시에는 일본인이 조선인 식모를 그렇게 대우하는 것이 당연한 일이었지만, 어머니에게는 나중까지 남아 있던 굴욕의 기억입니다.

전쟁 중에는 교토 시의 외곽에 있는, 슈잔(周山)이라는 마을에서 농가의 소작을 했습니다. 농업에 종사하고 있으면 남편(저의 아버지)이 징용을 면제받는다는 소문을 믿었던 것입니다. 남편이 없으면 노부모와 어린아이들을 데리고 굶어 죽을 수밖에 없다는 것을 알고 있던 어머니는, 소작료와 정부에 내는 공출로 수확의 절반 이상을 빼앗기면서도 죽을힘을 다해 일했습니다. 그런데도 남편에게 징용 영장이 나오자, 남편을 멀리 도망치게 한 뒤 관공서나 경찰에게 가서 울고불고하여, 그 상황을 모면하며 위기를 극복해왔습니다.

그런 어머니가 어떻게 "조선은 조금도 나쁘지 않아."라며 확신하고 아들에게 말할 수 있었을까요. 지금 생각해도 이상하지만, 그것은 조선인으로서의 긍지나 높은 민족의식 같은 것은 아니었을 겁니다. 간단히 말하면, 오히려 교육을 받지 않았기 때문이 아닐까요. 교육받을 기회가 없었기 때문에, 국민은 천황이나 국가를 위해 몸을 바치는 것이 당연하다는 당시의 애국주의나 군국주의 사고방식을 주입받지 못했던 것입니다.

어머니는 자신과 국가를 일치시켜 생각하지 않는 사람이었던 것입니다. 자신의 의사와 무관하게 일본 국민이 된 어머니는, 그렇기 때문에 더욱, 일본 정부가 명령하는 것이 자신에게 좋은지 나쁜지를 스스로 판단할 수 있었습니다. 또 일본 정부가 명령하는 것은 대부분 나쁜 일이라는 것을 경험을 통해 잘 알고 있었습니다. 나라가 정

뒷줄 오른쪽 끝이 젊은 시절의, 필자의 어머니 오기순. 1930년대 후반, '방직공'으로 일하던 시절에 직장 동료들과 찍은 기념사진인 듯하다.

1951년에 교토 시 교외의 관광지 아라시야마(嵐山)에서 찍은 필자의 가족사진. 뒷줄 오른쪽이 필자의 어머니 오기순, 안겨 있는 사람이 필자, 왼쪽이 아버지 서승춘, 앞줄 왼쪽부터 장남 선웅, 삼남 준식, 차남 승.

한 일이니까 하며 묵묵히 순종했다면 집안의 대들보를 잃고 우리 가족은 굶어 죽었겠지요. 남편도 탄광이나 전쟁터에서 목숨을 잃었을지 모릅니다. 자신을 지배하고 있는 나라인 일본은 어머니에게는 동일시할 수 없는 '타자'였습니다.

한국이라는 나라도 어머니에게는 '타자'였습니다. 일본에서 재일조선인으로 사는 동안, 조선 반도의 남쪽에 한국이라는 나라가 생겼고, 그 나라는 군사정권이 집권하여 서울에서 유학중인 두 아들(저의 형들)을 체포했습니다. 그리고 국가에 대한 충성심이 부족하다며 고문하고 사형에 처하려고 했습니다. 그럴 때에도 어머니는 일본에서 한국으로 면회하러 다니면서 아들들에게 결코 약한 소리를 하지 않았고, 자신의 신념에 충실히 살도록 아들들을 지지했습니다.

그런 어머니에게 교도소 직원은 "보통 어머니라면 아들에게 울고 매달려 나라가 시키는 대로 하라고 할 텐데, 이 어머니는 그런 말을 한마디도 안 해. 역시 재일조선인은 애국심이 결여된 것 같아."라며 욕설에 가까운 말을 퍼부었습니다. 교도소 직원의 그런 말에도 어머니는 동요하지 않았습니다. 어머니는 지독한 고생 끝에 슬프게 돌아가셨지만, 원래 인간이 가지고 있는 서민의 지혜, 인간의 지혜는 끝까지 지킬 수 있었습니다.

예순 살이 된 지금도 지워지지 않는, 아픈 기억이 있습니다.

초등학교 학군 안에 조선인이 모여 사는 지역('조선 부락'이라고 불렀습니다.)이 있었습니다. 저의 집은 다소 살림이 넉넉해서 그 지역 밖에 살며 일본 이름을 썼기 때문에 친한 사람 이외에는 제가 조선인이라는 사실을 몰랐습니다. '조선 부락'에 사는 어느 약한 아이는 하굣길에 매일 이지메를 당했습니다. 일본인 악동들에게 뒷골목으로 끌려가 협박당하거나 얻어맞으며, 갖고 있던 얼마 안 되는 돈 5엔이나 10엔까지 빼앗겼습니다.

그곳을 제가 우연히 지나게 될 때, 맞설 수 있을 것 같은 상대인 경우에는 '하지 마'라며 제지했습니다. 그렇지만 '폭력은 안 돼'라고 말할 뿐 '나도 조선인이다'라고 말할 수는 없었습니다. 저는 비겁한 사람이었습니다. 뒤엉켜 싸우다 나도 얻어맞을 수 있다는 각오는 되어 있었지만 일단 '초센'이라는 차별받는 집단으로 분류되면, 그 후 계속 낙인이 찍힌 채 살아야 한다는 것을, 초등학생이지만 똑똑히 알고 있었습니다. 그 비겁함을 지금도 잊을 수 없습니다.

중학생 때에는 이런 일도 있었습니다. 저는 전차로 통학을 했는데, 어느 날 전차 안에 실업 대책 사업으로 일본 정부가 시행하는 일용직 노동에 지원한 재일조선인 1세 할머니들이 타고 있었습니다. 그분들은 조선어로 이야기하고 있었는데, 그중에 저의 친척 할머니도 있었습니다. 제 주변에는 동급생인 여자아이도 있었는데, '친척 할머니가 나를 발견해 말을 걸면 어쩌지? 나와 저 할머니들이 같은 부류인 것이 들통 날 거야.' 하고 생각한 순간 몸을 숨겨 전차 뒤쪽으로 갔습니다. 그 비굴함을 잊을 수 없습니다.

이런 일은 재일조선인 대부분이 경험했으리라 생각합니다. 저는 이런 아픈 기억을 극복하고자 했습니다. 저에게 강요된 비겁함과 비굴함을 극복하고 싶었습니다. 어머니가 가르쳐준 것처럼 '조선은 조금도 나쁜 것이 아니다'라며 당당해지는 것, 비굴할 수밖에 없는 어린이나 젊은이들 편에 서는 것이 평생의 테마가 되었습니다.

이제 대학에서 가르치기 시작한 지 20년으로 제 어린 시절로부터는 몇 십 년이 지났지만, 사회의 상황은 좋아지지 않았습니다. 오히려 나빠지고 있는 것 같습니다. 제가 가르치는 학생 중에는 재일조선인 학생도 있는데 제 입장에서 보면 자식이나 손자 세대라 할 이들이, 어렸을 때 제가 맛본 것과 같은 차별들을 여전히 맛보고 있습니다.

어느 대학에서 저의 수업을 들은 학생이 이런 감상문을 썼습니다.

> 고등학교 때 학급 친구 한 명이 '조선인은 바보니까 노예로 충분하다'는 등의 말을 아무렇지 않게 큰소리로 떠들었다. 나도, 친구도 그것을 듣고 웃었다. 학년 말 무렵, 학급 친구 A군이 실은 재일조선인인 것 같다는 소문을 들었다. 나는 그와 그의 부모에게 화가 났다. 왜 "나는 조선인입니다."라고 당당히 말하지 못하는가. 어째서 인종차별주의자와 싸우지 못하는가. 이런 사례를 보면 재일조선인들은 아이덴티티가 결여된 것같이 느껴진다.

저 역시 재일조선인들이 아이덴티티를 찾아야 한다고 생각하지만 그것은 이 학생이 생각하는 것과 같은, '자기 나라나 민족을 자랑스럽게 여기는 감정'이 아닙니다. 이런 감정은 공허하고 위험합니다. 제가 생각하는 아이덴티티는 나는 왜 여기에 있는가, 내가 느끼는 열등감이나 삶의 고통은 어디에서 유래하는가에 대한 생각, 그리고 나는 당당하게 살아도 된다는 생각입니다. 우리는 약하고 소수자라서 차별받고 있지만, 타자의 것을 빼앗거나 타자를 차별하지는 않는다, 수치스러워할 일은 없다는 의식, 즉 조선은 조금도 나쁜 게 아니라는 의식입니다.

이 학생의 감상입니다만, '조선인은 바보니까 노예로 충분하다'고 누군가 말했을 때 웃고 있었다던 그는, 스스로 조금도 차별하지 않는다고 생각하고 있습니다. 그러나 차별적인 폭언을 내뱉는 사람 곁에서 그저 웃고 있는 것은 차별에 가담하는 것과 마찬가지 아닐까요. 그때 함께 있던 A군이 '나는 조선인이다'라고 말할 수 없었던 것은 제가 어렸을 때 조선 부락에 사는 아이가 이지메 당하는 현장에 있으면서 '나도 조선인이다'라고 말하지 못한 것과 같습니다. 이 학생은 '왜 당당히 싸우지 못하느냐'며 A군을 비난하지만 차별적인 폭언을 웃으며 흘려듣는 이 학생 같은 사람들에 의해 A군의 용기가 짓밟힌 것이 아닐까요? 지금도 형태는 다르지만 저의 세대와 마찬가지로, 참기 힘든 경험을 겪으면서 어떻게 해결해야 할지 고민하는 재일조선인이 많이 있습니다. 여러분 주변에도 틀림없이 있을 겁니다.

바람직한 사회를 위한 세 가지 조건

재일조선인은 앞서 정의한 것처럼 '일본의 조선 식민지 지배의 결과로, 전쟁 후에도 일본에 계속 살게 된 조선인과 그 자손'이라고 할 수 있습니다.

일본의 식민지 지배란 무엇이었나, 어째서 조선인이 일본에 계속 살게 되었나, 일본에 계속 사는데 일본 국민과 같은 권리를 보장받지 못하는 이유는 무엇인가. 이런 문제들에 대해 생각함으로써 비로소 재일조선인에 대한 이해에 접근할 수 있습니다.

현재 일본 사회의 차별에는, 매우 노골적이고 명확한 의도를 갖고 행해지는 것도 있고, 무의식적이고 감추어진 것도 있습니다. 많은 사람이 명백한 차별만 생각해서 '나는 그런 짓을 하지 않는다, 그러므로 나는 차별하지 않는다'고 생각합니다. 그러나 나중에 이야기하겠지만, 현재에도 선거권이나 공무담임권(공무원이 될 권리) 등에서 재일조선인에 대한 다양한 제도적 차별이 있습니다.

그럼 어떻게 하면 식민지 시대부터 지속되어온 제도나 생각을 바꾸어, 타자와 함께 살아가는 사회를 만들어갈 수 있을까요? 아래에 제가 생각하는 세 가지 조건을 제시하고자 합니다.

(1) 사실(역사를 포함하여)을 안다.

우선 가능한 냉정하게 사실을 알 필요가 있습니다.

역사 인식에서도 마찬가지입니다. 만주철도 직원의 자식으로 태어나 자란 가토 씨의 이야기를 소개했습니다만 그와 같은 일들의 배경에 있던 식민지 지배의 역사에 대해 정확히 알아야 거짓되지 않은 역사 인식이 가능합니다.

(2) 개인과 국가를 동일시하지 않는다.

일본이나 일본 정부가 비판받으면, 그것을 자신에 대한 비판이라고 느끼는 사람이 있습니다. 국가나 정부와 심리적으로 밀착되어 있기 때문입니다. 나도 모르는 사이에 타인에 의해 국가 대표가 되어 있는 것입니다. 개인과 국가는 같지 않습니다. 국가는 당신을 지켜주기도 하지만 당신에게 상처나 해를 입히기도 합니다. 국가와 자신을 동일시하면 스스로 사실을 알고, 생각하고, 입장을 결정할 수 없습니다.

(3) 내가 상대방이라면 어떨까 하고 입장을 바꾸어 생각해본다.

즉 '타자에 대한 상상력'을 갖는 것입니다. 예를 들면 '재일조선인은 범죄자 집단이기 때문에 공무원이 될 수 없다'고 누군가 말했을 때, '재일조선인'을 '일본인'으로 치환해서 '일본인은 범죄자 집단이기 때문에 공무원이 될 수 없다'는 말을 듣는다면 어떨까 하고 생각해보는 것, 혹은 만일 내가 재일조선인의 입장이었다면 어떨까 하고 생각해보는 것입니다.

그럼 2부에서는 질문에 대답하는 형식을 통해 재일조선인에 관한 '사실'들을 이야기하겠습니다.

제2부

재일조선인에 관한 사실들

1

재일조선인은 왜 일본에 있습니까?

Q 현재 60만 명 정도의 재일조선인이 있다고 하는데, 왜 그렇게 많습니까?

일본이 전쟁에 패했을 때 일본의 '내지'에는 약 230만 명의 조선인이 있었습니다. '내지'란 대략 현재의 일본 영역에 해당하는 지역입니다.

1부에서 이야기한 것처럼 '재일조선인이란 일본의 식민지 지배의 결과로 일본에 거주하게 된 조선인과 그 자손'입니다. 1945년 이후에도 계속 일본에 살게 된 사람들이 재일조선인 1세가 됩니다. 1세란 제1세대, 즉 조선에서 태어나 일본에서 살게 된 사람들을 가리킵니다. 2세는 일본에서 태어난 제2세대, 3세는 1세의 손자 세대에 해당되는 제3세대입니다. 현재 재일조선인은 4세, 5세까지 태어나고 있습니다.

그럼 왜 전쟁이 끝난 뒤에 이토록 많은 조선인이 일본에 살게 되었는지 시대순으로 이야기하겠습니다.

우선은 메이지유신 무렵까지 거슬러 올라갑니다.

지금부터 140년쯤 전인 1868년, 도쿠가와 막부*가 멸망하고, 일본은 근대 국가의 길을 걷기 시작했습니다. 140년 전이라면, 25세 정도에 아이를 갖는다고 했을 때 지금 세대의 5, 6세대 정도 전으로, 만일 당신이 1995년생이라면 조부모의 조부모의 조부모 무렵이 됩니다.

그 무렵 일본은 매우 큰 전환점에 있었습니다. 에도 시대 말 무렵, 1853년에 미국에서 '흑선(黑船)'**이 와서 쇄국하고 있던 막부에 개국을 요구했습니다. 다음 해, 일본은 조약을 체결하고 개국하지만, 그 조약은 외국인은 일본의 법률을 지키지 않아도 된다든지(치외법권) 외국에서 수입하는 물건에 대해 일본이 관세율을 정하지 못한다는 등 외국에만 유리하고, 일본에는 매우 불리한 불평등 조약이었습니다. 유럽 제국이나 미국(구미)은 산업혁명으로 손에 넣은 거대한 군

● —— 도쿠가와 이에야스(德川家康)가 에도(현재의 도쿄)에 수립한 정권으로 1603년부터 1867년까지 지속되었다. 에도 막부라고도 하며 이 시기를 일컬어 에도 시대, 혹은 도쿠가와 시대라고 한다.—옮긴이

●● —— 구로후네라고 하며 에도 시대 말기에 일본 근해에 출몰하던 상선을 가리키는 역사 용어이다. 특히 1853년 미국의 페리 제독이 이끌고 우라가(浦賀) 앞바다에 나타난 배를 가리킨다.—옮긴이

사력이 있었기 때문에 일본은 그들의 뜻대로 할 수밖에 없었습니다.

이 시기는 구미 열강이라고 불리는 영국, 프랑스, 독일, 이탈리아, 미국 등의 나라들이 앞다퉈 아프리카나 아시아의 나라들을 식민지로 지배하거나, 불평등 조약을 맺어 절대적으로 유리한 조건에서 무역을 하는 방식으로 힘을 키워 간 제국주의(식민지주의) 시대였습니다.

메이지유신을 겪은 일본은, 1875년에 조선에 군함을 보냅니다. 당시 조선은 500여 년 동안 이어진 조선 왕조 시대였습니다. 일본 해군은 조선의 연안에 접근해, 조선의 도읍인 한성(현재의 서울)에서 가까운 강화도의 포대와 교전하며 조선에 개국을 요구했습니다. 다음 해에 체결된 조일수호조약(강화도조약)은 일본에 유리한 불평등 조약이었습니다. 미국이나 유럽이 일본에 했던 일을 22년 후, 이번에는 일본이 조선에게 한 것입니다.

일본은 이 조약을 바탕으로 조선과의 무역을 통해 힘을 키우고 세력을 넓혀갔습니다. 이런 일본의 움직임에 대해 조선 안에서는 러시아와 손잡고 일본에 대항하고자 한 사람이 있는가 하면, 중국의 도움을 기대하는 사람도 있었습니다. 또 조선의 남쪽에서는 농민들이 반란을 일으켜 동학농민운동이라는 큰 혁명 운동으로 번졌는데, 일본은 무력으로 이런 움직임을 제압했습니다.

1894년에 일본은 '청국(당시의 중국)의 야망으로부터 조선의 독립을 지키기 위하여'라는 천황의 조칙(천황이 직접 의사를 표시하는 문서)을 발표하고 청국과 전쟁을 시작합니다. 청일전쟁이 일어난 것입니다.

동아시아에는 옛날부터 중국을 중심으로 한 질서가 있었습니다.

이것을 화이질서(華夷秩序)라고 하는데 여기서 화는 중국을, 이는 '야만인'을 가리킵니다. 또 책봉 제도라고 해서 이웃 나라의 왕들이 중국의 황제에게 조공을 바치고, 왕위를 인정받는 일이 행해졌습니다. 조선뿐 아니라 청국의 주변국들은 대부분 이와 같은 질서 아래에 있었습니다.

그러니까 일본이 '조선의 독립을 지킨다'는 것은, 실제로는 '화이질서에서 조선을 떼어낸다'는 의미였습니다. 청일전쟁은 조선을 중국에서 떼어 일본의 영향하에 두기 위한 전쟁이기도 했습니다. 전쟁은 일본의 승리로 끝났고 청일강화조약(시모노세키조약)에 의해 대만은 일본의 영토(식민지)가 되었습니다. 조선은 '대한제국'이라는 나라가 되었지만 실제로는 일본의 영향하에 놓이게 되었습니다.

이때 나라 이름을 '조선'에서 '대한제국'으로 바꾼 데에는, 중국이 부르던 이름인 '조선'을 폐기하여 '한(韓)'으로 바꾸고, '제국'을 붙여 군주를 '황제'로 한다는 의미가 있습니다. 화이질서 아래에서는 중국에만 황제가 있고 다른 나라에는 중국이 인정한 왕이 있습니다. 즉 이렇게 해서 화이질서를 부정한 것을 만천하에 명백히 한 것입니다. 시모노세키조약으로 일본은 청나라에 조선의 독립을 인정하게 했는데, 이것은 조선은 이제 중국의 세력 범위가 아니라는 것을 인정하게 했다는 의미입니다.

일본과의 전쟁에서 패한 청국에는 구미 열강이 차례로 침범해 세력을 넓혔습니다. 그리고 1900년에 의화단 사건이 일어납니다. 무장한 '의화단(백련교 신자들이 결성한 무장 조직)'이 구미 세력에 대항하여

베이징을 에워싸자 구미 제국은 외교관을 구출한다는 명목으로 군사를 보냅니다. 일본도 그에 합류하여 대규모 군대를 파견했습니다.

의화단을 진압한 후에도, 일본은 톈진(天津)이라는 도시에 계속 군대를 주둔시킵니다. 중국 대륙에서는 이후 1945년 일본 패전 때까지, 일본 군대가 계속 주둔하게 됩니다. 한편 러시아와 국경을 맞대고 있는 중국의 동북 지방(만주)은 자원이 풍부한 곳인데 러시아는 이곳에 군대를 계속 주둔시킵니다. 그러자 일본은 러시아가 결국 조선까지 자국의 세력권에 넣을지 모른다며 경계했습니다. 이렇게 러일이 강하게 대립하면서 1904년, 러일전쟁이 시작되었습니다.

러일전쟁이라고 하면 발틱 함대와 벌인 쓰시마해전의 이미지가 강할 것입니다. 1990년대 중반부터 학교에서도 이 쓰시마해전을 부각시켜, 러시아에 이긴 것을 대대적으로 가르쳤습니다. 최근에 TV 드라마로도 방영된 시바 료타로(司馬遼太郎)의 『언덕 위의 구름(坂の上の雲)』*에서처럼 '쇼와(昭和) 시대**에는 태평양전쟁이라는 잘못된 일을 했지만 메이지 시대의 일본은 훌륭했다'는 식으로 청일전쟁의 승

●―― 1968년부터 1972년까지 《산케이 신문(産經新聞)》에 연재된 소설을 단행본으로 엮은 것으로 당시 2000만 부 이상 판매된 베스트셀러였는데, 2009년에 TV 드라마로 제작되어 다시 한번 주목을 받았다. '언덕 위의 구름'이란 메이지유신 이후, 일본이 메이지 시대라는 언덕을 올라가면 손에 닿을 것이라 생각한 근대 국가와 열강에의 합류를 비유한 것으로, 세 젊은이가 메이지 시대라는 근대 일본의 부흥기를 살아가는 과정을 묘사하고 있다. 그러나 메이지 시대에 대해 지나치게 높이 평가하고 러일전쟁을 자위적 전쟁으로 묘사하는 등, 시바 료타로의 역사관에 대한 비판이 이어지고 있다.—옮긴이

●●―― 일본의 히로히토 천황이 재위한 1926~1989년의 64년간을 일컫는 말—옮긴이

리에 대해 자주 묘사됩니다. '아시아의 작은 나라 일본이 대국 러시아의 압력에 대항해 싸워 가까스로 이길 수 있었다', '유색 인종이 처음으로 백인을 이겼다', '승리를 결정지은 것은 쓰시마해전' 등의 이미지로 묘사되지요. 실제로 핀란드에는 쓰시마해전에서 승리를 거둔 해군, 도고 헤이하치로(東鄕平八郞)를 기념한 도고라는 맥주가 있었습니다. 터키도 러시아에 이긴 일본에 박수를 보냈지요. 두 나라 모두 대국 러시아에 인접해 있어, 러시아로부터 압박받고 있었기 때문입니다.

그렇지만 실제로 러일전쟁은 중국 동북 지방과 조선의 지배권을 둘러싸고 싸운 것으로, 그 때문에 조선이 주된 전쟁터가 된 전쟁이었습니다.

근대 중국을 대표하는 작가 루쉰(魯迅)의 초기 작품집으로, 대표작「고향」등이 수록된『외침[吶喊]』이 있습니다. 중국에서 근대 국민의식을 일깨운 역사적인 작품집입니다. 이 작품집 서문(납함자서[吶喊自序])에 청나라 유학생으로 센다이(仙台)의 의학교에 와 있던 루쉰의 체험이 쓰여 있습니다. 청일전쟁에 패한 청나라는 문명화하지 않으면 일본에 대항할 수 없다고 생각하여 일본에 유학생을 보내 선진 기술이나 학문을 배우게 했는데 루쉰도 그중 한 사람이었습니다. 거기에 다음과 같은 내용이 있습니다.

오늘날과 달리 컴퓨터나 DVD가 없던 시대이기 때문에 당시는 수업에서 '환등기(사진을 슬라이드로 영사하는 장치)'를 사용했습니다. 수업을 마치고 시간이 남으면 환등기로 뉴스 장면 등도 영사해서 학생들에게 보여주었습니다.

> 때는 마침 러일전쟁 무렵이었기 때문에 당연히, 전쟁에 관한 화면이 비교적 많았다. 나는 이 교실 안에서, 언제나 동급생들의 박수갈채에 보조를 맞춰야 했다. 어느 날, 나는 돌연 화면 속에서 많은 중국인과 오랜만에 만났다. 한 사람이 한가운데 묶여 있고, 그 주변에 많은 사람이 서 있었다. 모두 건장한 체격인데 표정은 다소 멍하다. 설명에 의하면 묶여 있는 사람은 러시아군의 스파이 활동을 한 자로, 본보기로 삼기 위해 일본군 손으로 참수하려는 장면이고 그를 둘러싸고 있는 것은 이 떠들썩한 소동을 구경하러 온 무리들이었다.

여기서 언급된 사진은 청일전쟁에서 러시아 스파이 처형 장면을 촬영한 것이었습니다. 일본군은 조선이나 중국 동북부에서 스파이 혐의를 받은 조선인과 중국인을 처형했습니다. 당시의 국제법에는 적국의 포로라도 정상적인 취조와 재판 없이 죽여서는 안 된다고 규정되어 있었지만 이를 무시했습니다.

그 사진이 화면에 비춰졌을 때, 교실에 가득 있던 일본인 학생들은 박수갈채를 보냈지만 그 가운데 단 한 사람, 중국인 유학생 루쉰이 고립되어 있었습니다. 루쉰은 이 체험을 통해 지금은 의학을 공부할 때가 아니다, 중요한 것은 인간의 정신을 개조하는 것이다라고 생각해 의학 공부의 길을 버리고 문학과 중국 혁명 운동의 길로 들어섰습니다.

러일전쟁에서 이긴 일본은 1905년의 강화 조약으로 가라후토(樺太, 사할린) 남반부를 손에 넣은 것 외에도, 조선 반도에서 일본의 우선권을 인정받고, 중국 동북부에서 러시아군을 철수시키고 요동반도에서의 권리를 넘겨받는 등 많은 이익을 취했습니다. 그리고 러일전쟁이 끝난 뒤에도 조선을 군사적으로 계속 점령하고는, 대한제국으로 하여금 보호 조약을 받아들이게 하여 일본의 보호국으로 만들었습니다.

이러한 일들이 구미 열강의 반대 없이 가능했던 이유는, 러일전쟁 중에 미국의 필리핀 지배, 영국의 인도 식민지 지배, 프랑스의 베트남 식민지 지배를 인정하는 대신, 그들 나라들이 일본의 조선 지배를 인정했기 때문입니다. 즉 아시아의 권익을 구미 열강과 균등하게 나누어 가졌다고 할 수 있습니다.

러일전쟁은 일본과 조선이 완전히 다른 길을 가게 되는 역사적인 전환점이 되었습니다. 또한 이 전쟁을 통해 일본이 아시아의 나라가 아닌, 구미의 나라들에 합류한 것이 분명해졌습니다. 이렇게 하여 아시아인의 근대 의식은 일본에 대항하는 가운데 만들어지게 됩니다. 그리고 루쉰의 『외침』은 중국인뿐 아니라 다른 아시아인들에게도 근대 의식의 중요한 출발점이 됩니다.

일본에 의한 한국 병합은 1910년에 이루어지지만 그보다 앞선 시기인 러일전쟁 후부터, 대한제국은 실질적으로 일본이 통치하는 식민지가 되었습니다. 통치의 중심이 되는 '통감부'의 초대 통감은 이토 히로부미(伊藤博文)였습니다. 이때 대한제국 황제는 고종으로, 사실상 마지막 황제가 됩니다.

고종은 나라를 빼앗기는 것을 어떻게든 저지하고자, 1907년 네덜란드의 헤이그에서 열린 만국평화회의에 사절단을 보내, 일본의 조선 지배는 불법이며, 조선인은 그것을 인정하지 않는다는 것을 호소하려고 합니다. 사절단은 목숨을 걸고 헤이그까지 가서 호소하지만, 아무도 이들을 상대해주지 않았습니다. 그리고 이것을 알게 된 일본은 크게 분노해 고종을 황제의 자리에서 몰아내고 그 아들을 새 황제로 세웁니다. 그는 일본의 말을 잘 듣는 허수아비 황제였습니다.

Q 한국 병합 전부터 식민지 지배가 시작되었습니까?

그렇습니다. 일본이 '통감부'를 설치하고, 조선 정부에 일본인 고문을 보내 정치의 중요 사항을 거의 결정하는 등 실질적인 통치를 시작했습니다.

이러한 지배하에 1909년에 '민적법(民籍法)'이 공포됩니다. '민적'이란 '호적'의 전신입니다. 대한제국에는 호적이 없었기 때문에 새롭게 지배하에 들어온 수많은 조선인들을 파악하기 위해 민적을 만들어 등록시켰습니다.

당시를 경험한 한용운은 「당신을 보았습니다」라는 시를 썼습니다. 그 일부를 소개하겠습니다.

나는 집도 없고 다른 까닭을 겸하여 민적이 없습니다.

"민적 없는 자는 인권이 없다. 인권이 없는 너에게 무슨 정조냐" 하고 능욕하려는 장군이 있었습니다.

그를 항거한 뒤에 남에게 대한 격분이 스스로의 슬픔으로 화하는 찰나에 당신을 보았습니다.

한용운은 1919년의 독립 운동인 3·1운동 선언문에 이름을 올린 민족운동가로서, 승려이기도 합니다.

추상적인 시인데, 여기에 나오는 구체적인 말이 '민적'입니다. 조선인에게 민적이라는 제도가 강제된 것은 일본이 자기 편의에 따라 통치하기 위해서입니다. 거기에 저항하는 사람들은 인권이 인정되지 않았습니다. 능욕이란, 폭력으로 상대의 존엄을 훼손하는 것입니다. '능욕하려는 장군'이란 무력으로 조선을 지배하려는 일본을 가리키겠지요. 그럼 그 장군에게 저항한 뒤 타인에 대한 격분이 스스로의 슬픔이 된 순간에 본 '당신'은 무엇을 가리킬까요? 저는 누구도 지배하거나 지배당하지 않는 나라, 누구라도 인권이 보장되는 나라, 그런 이상을 가리키는 것이라고 생각합니다.

일본은 조선의 외교권을 빼앗고, 군대를 해산했습니다. 이러한 일본의 지배에 대해 조선의 전 지역에서 일본에 반대하는 무력 투쟁(의병 투쟁)이 격렬하게 펼쳐졌습니다. 그러자 통감부는 '폭도 토벌령'을 내려, 이들을 무력으로 진압해 수만 명을 죽였습니다.

1909년, 이토 히로부미가 중국 동북부의 하얼빈 역에서 안중근에게 저격당해 사망하고, 체포된 안중근은 후에 처형되었습니다. 이토 히로부미는 일본에서는 메이지 시대의 대표적인 정치가로서 높이 평가되고 있고, 과거에는 천 엔짜리 지폐에 그 초상이 인쇄될 정도였지만, 한국에서는 압제 정치를 한 사람으로 평가됩니다. 그리고 안중근은 그 압정에 저항한 영웅으로 평가받고 있습니다.

1910년 일본은 한국과 병합 조약을 맺습니다. '통감부'는 '총독부'가 되어, 더욱 큰 힘으로 조선을 지배했습니다. 이 조약의 제1조는 다음과 같습니다.

> 한국 황제 폐하는 한국 전부에 관한 일체의 통치권을 완전히, 또한 영구히 일본의 황제 폐하에게 넘긴다.

대한제국은 대일본제국과 마찬가지로 국민 주권이 아닌 군주 주권이었고 황제의 통치권은 토지뿐 아니라 사람에게도 미치고 있었습니다. 즉 나라의 주권자는 군주이고, 거기 살고 있는 사람은 신민(주권이 없는 하인)이었습니다. 그러므로 군주가 통치권을 넘긴다는 것은 그 신민도 모두 내어주는 것과 같습니다. 이 조약에 의해, 조선은 일본의 일부가 되었고 동시에, 대한제국 황제의 신민이었던 조선인 모두가 일본제국 천황의 신민이 되었습니다. 조선인 모두가 이때부터 일본 국적을 갖게 된 것입니다.

이때 국적에 대한 생각은 '속인주의'였습니다. 어느 군주의 신민은 어디에 살든 상관없이 신민이라는 생각입니다. (이에 반해 특정한 지역에 사는 사람이 그 나라의 국민이라는 생각은 '속지주의'입니다.)

그 때문에 조선에 사는 사람뿐 아니라, 중국에 사는 조선인도 대한제국의 신민에서 일본의 신민이 되었습니다. 일본은 '일본의 신민을 보호하기 위해서'라는 이유로 중국 동북 지방 등 조선인이 사는 장소에 군대를 보내고 영사관을 지어, 중국을 침략할 발판으로 삼았습니다. 중국의 시각에서 보면 이런 조선인의 존재는 일본이 침입해오는 구실이 됩니다. 그래서 이후 중국에 사는 조선인들의 입장이 매우 곤란해졌습니다.

시기적으로 조금 뒤가 되는데, 러시아에서는 1917년 러시아혁명 후, 1922년에 소비에트 연방(소련)이라는 새로운 나라가 탄생합니다. 러시아의 영토인 극동 지방은 조선과 접하고 있어 그 소련 영역에도 조선인이 살게 되었습니다. 그런데 소련의 입장에서 볼 때 자국 영역 내에 일본 신민인 조선인이 있으면 일본이 침입하는 구실이 됩니다. 일본이 중국에서 전쟁을 확대시키고 소련과의 긴장도 고조되자 지도자 스탈린은 이 지역에 살던 조선인들을 중앙아시아의 카자흐스탄으로 강제 이주시켰습니다. 그 때문에 많은 사람이 죽거나 낯선 땅에서 극심한 고초를 겪기도 하며 삶이 근본적으로 바뀌었습니다.

Q 일본이 한국을 '병합'했기 때문에,
조선인이 일본에 오게 된 것인가요?

그렇게 말할 수 있습니다. 조선인이 일본에 와서 살게 되는 것은 1910년 이후입니다. 1910년까지 일본에 있는 조선인은 유학생이나 외교 사절 등으로 극히 적었습니다. 1909년에는 약 790명이었습니다.

'병합'에 의해 조선도 일본 영토가 되었기 때문에 조선인이 일본에 오는 것은 일본 국민이 국내에서 이동하는 것과 같은 것이 되었습니다. 물론 조선인의 일본 도항이 언제나 자유로웠던 것은 아닙니다. 일본 정부는 도항을 허가제로 하여, 자기들 편의에 따라 그 제한을 엄격하게도, 느슨하게도 했습니다. 그렇더라도 조선인은 외국인이 아닌 일본 국민이었기 때문에 일본으로 오는 조선인도 늘었습니다.

1910년대부터 1940년대를 대략 10년씩 4개의 기간으로 나누어 보면 1910년부터 1919년까지는 합계 2만 8000명 정도밖에 늘지 않습니다. 그러나 1920년대가 되면 약 30만 명으로 늘어납니다. (관동대지진이 일어난 것이 이 기간입니다.) 1920년대, 일본은 조선에서 '산미증식계획'을 실시합니다. 수로나 도로를 정비해 쌀 생산량을 증대시키는 농촌 개발 사업입니다. 그 결과 쌀 생산량은 늘었지만 늘어난 쌀을 대부분 일본으로 가져가버려, 이 시기에 역으로 조선인 일인당 쌀 소비량은 줄었습니다. 농민들은 늘어난 생산물을 먹을 수 없었고, 매우 가난해졌습니다. 또 도로 공사, 수로 공사, 관개 공사 등 개발 사업에 강제로 동원되어 일해야 했습니다.

그 결과 농촌에서 살 수 없게 된 사람들이 먹고살 길을 찾아, 조선의 북쪽 사람들은 중국이나 소련으로, 남쪽 사람들은 일본으로 가게 됩니다. 이 시기에 저의 할아버지도 일본으로 왔습니다.

저의 할아버지는 조선의 충청남도 지방의 농민이었습니다. 도로 공사에 동원되어 일했는데 가혹한 노동에도 임금을 거의 받지 못했습니다. 이래서는 가족을 먹여 살릴 수 없다고 생각한 할아버지는 들고 있던 곡괭이를 처갓집에 내던지고 가족에게 연락을 취할 겨를도 없이, 맨몸으로 일본으로 도망쳤습니다. 교토로 가서 큰 농가의 허드렛일을 하게 되었고, 열심히 일해 생활이 조금 안정되자 가족을 불러들였습니다.

이것이 1920년대에 일본으로 이주한 조선인의 전형적인 모습입니다. 현재, 중국에 많이 살고 있는 조선인들도 대부분 이때 이주한 조선인의 후손입니다.

1930년대가 되면 이번에는 전쟁과 연관됩니다. 많은 일본인 남자들이 군인으로 전쟁에 나간 탓에 일본의 노동 현장에 일손이 부족해지자 생활이 어려운 조선인들의 일본 이주가 폭발적으로 늘었습니다.

1940년대에는 더욱 많은 사람이 일본에 오게 됩니다. 1939년에 96만 명이던 조선인이 1945년 패전 때에는 230만 명 이상 됩니다. 이 시기에는 말 그대로 '강제 연행'으로 사람들이 끌려왔습니다.

이렇게 재일조선인이 일본에 오게 된 원인은 식민지 지배와 직결됩니다. 첫 번째 요인은 식민지 지배로 조선에서의 생활이 파괴되자,

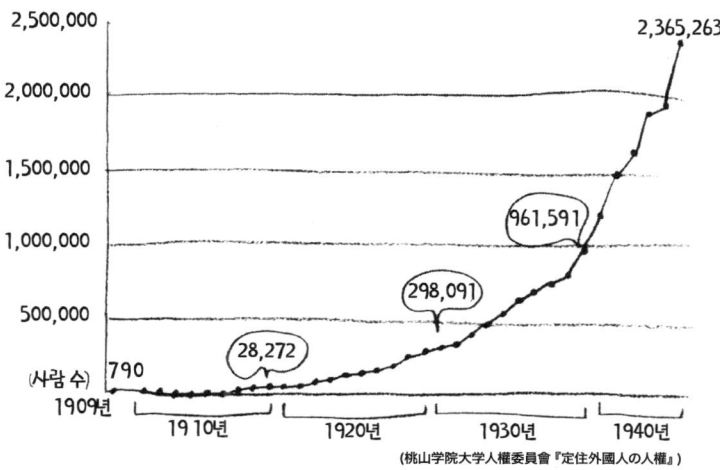

재일조선인의 인구 추이

(桃山学院大学人權委員會 『定住外國人の人權』)

1940년 일본인(내지인)의 인구는 약 7000만 명이다. 1930년대 중반에는 '내지'에서 일본인과 조선인의 비율이 100:1이었는데 1945년에는 30:1로 증가했다.

일제강점기에 시모노세키와 부산을 오가던 연락선. 시모노세키(下關)의 뒷글자와 부산의 앞 글자를 따서 관부 연락선이라고 한다. 강제 징용된 수많은 조선인들이 이 연락선을 타고 일본으로 끌려갔다. (재일한인역사자료관 소장)

생활 터전을 찾아 일본에 흘러들어 온 것입니다. 두 번째 요인은 전쟁이 격화되자 부족한 노동력을 채우기 위해 강제적으로 동원된 것입니다. 이 두 가지가 재일조선인이 일본에 온 주요한 원인입니다. 이렇게 해서 종전 당시, 230만 명이나 되는 조선인이 일본에 있게 된 것입니다. 이는 당시 전체 조선인의 대략 열 명 중 한 명에 해당됩니다.

대부분의 조선인 노동자들은 좁은 의미의 강제 연행으로 왔는지 아닌지와 상관없이, 대부분 탄광이나 공장, 국회의사당이나 구로베 댐(도야마 현에 있는 일본 최대의 댐―옮긴이) 등 각지의 건설 공사 현장에서 노동을 했습니다. 오늘날 일본의 형태를 만드는 데 조선인의 노동력이 깊이 관련되어 있는 것입니다.

2

식민지 지배는
어떤 것이었습니까

?

Q 일본 사람들은 일본의 조선 식민지 지배를
어떻게 받아들였습니까?

축하하는 분위기였습니다. 1910년 일본이 조선을 병합했을 때, 대부분의 일본 신문들은 '경사로다, 경사로다' 하는 삽화를 넣어 보도했습니다. 그중 대표적인 것은 양복을 입고 콧수염을 기른 일본 남자가 가냘픈 조선 여자와 결혼하는 내용의 삽화입니다. 병합이란 결혼 같은 것이라는 이미지입니다. 양복을 입고 있는 남자는 문명화해서 힘을 가진 일본을 나타내고, 남자의 지도에 따르는 연약한 여자는 조선을 나타냅니다. 남녀차별로 문명과 비문명을 나타낸 것이지요.

정재계 인사나 지식인들부터 평범한 사람들에 이르기까지 일본은 축하 분위기로 들끓었습니다. 그런 가운데 시인 이시카와 다쿠보

잡지 《도쿄 퍽》*에 게재된 한국 병합 만화. 일본과 한국은 실제로는 이미 결혼했기 때문에 병합은 혼인신고만 하면 끝난다는 의미의 설명이 붙어 있다. 관공서의 접수대에 있는 사람이 백인 여자인 듯한 모습인 것은 구미 열강에 병합을 인정받고자 하는 심리를 표현한 듯하다.

쿠(石川啄木)는 다음과 같은 단카를 남겼습니다.

> 지도 위에다, (조선국은 없다고) 조선국에 까맣게 먹을 칠하며 가을바람 듣노라.

● —— 《東京パック》. 1905~1915년에 발행된 B4 크기의 풀 컬러 만화 풍자 잡지. 1871~1918년에 미국에서 발행된 『Puck』을 본떠 만들었다. 만화 캡션으로는 일본어 외에 영어, 중국어도 병기되었고, 일본뿐 아니라 조선, 중국, 대만 등 아시아 각지에서 판매되었다. 『오사카 퍽』, 『상하이 퍽』, 『조선 퍽』 등도 있다. —옮긴이

조선이라는 나라가 없어진 것을 암울한 예감과 슬픈 마음으로 지켜보고 있는 단카입니다. 이런 단카를 쓴 사람도 있긴 했지만 일본의 조선 병합에 대해 명확한 반대론을 펼친 사람은 극히 적었습니다.

식민지 지배를 통하면 막대한 힘을 배경으로 다른 민족의 토지나 자원을 빼앗고, 노동력을 훨씬 싼값에 부림으로써 큰 이익을 얻습니다. 하지만 식민지에 자신들과 같은 규칙을 적용해서는 그런 막대한 이익을 낼 수 없습니다. 그래서 다른 민족을 열등한 민족으로 취급하고, 자신들과 구별 짓고, 자신들에게 유리한 별도의 규칙을 적용하는 것이 전제됩니다.

예를 들면 일본에는 제국헌법이 있었지만, 이 헌법은 식민지에는 적용되지 않았습니다. 식민지도 일본의 영토였고 거기 있는 사람도 일본 국적이지만 이들에게는 헌법상의 권리가 인정되지 않았습니다. 대일본제국헌법을 적용하지 않았기 때문에 조선 반도나 대만 등 식민지를 가리켜 '이법 지역(異法地域)' 또는 '외지(外地)'라고 불렀습니다. 그리고 조선인이나 대만인은 '외지인'이라고 불렀습니다. 그에 대해 원래의 일본 지역(현재의 일본 영역에 거의 해당됩니다.)은 '내지(內地)', 일본인은 '내지인'이라고 불렀습니다.

'외지'를 가짐으로써 '내지'는 윤택해집니다. 또 평범한 사람들까지도 구미와 어깨를 나란히 한 자신들이 조선인이나 중국인보다 우수하다는 우월감을 맛보았습니다. 그래서 많은 일본인이 조선 병합을 환영한 것입니다.

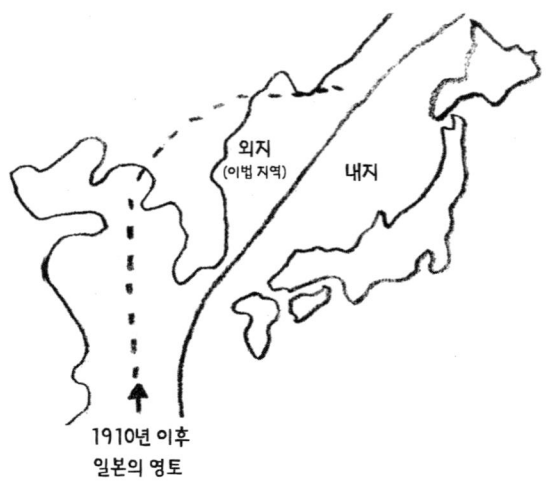

내지와 외지. 일본이 대한제국과 병합한 1910년부터 패전한 1945년까지, 식민지가 된 조선은 일본 영토의 일부가 되고 조선인은 일본 국민의 일부가 되었다. 원래의 일본 영토는 '내지', 식민지는 '외지'로 불렸다.

Q 일본은 조선을 실제로 어떤 방식으로 지배했습니까?

지극히 막대한 권한을 가진 총독부를 중심으로 통치했습니다.

삼권분립이라는 말을 알고 있습니까? 나라의 권력을 입법권, 사법권, 행정권으로 나누어 서로 감시함으로써 나라를 균형 있게 운영하고자 하는 것으로 근대 국가에 공통되는 원리입니다. 현재의 일본으로 말하면 입법권은 국회에, 사법권은 법원에, 행정권은 내각에 있습니다.

그러나 조선에서는 삼권분립이 이루어지지 않았고 그 대신 총독이 집중적이고 절대적인 권한을 갖고 있었습니다. 그리고 그 총독은 군인 출신 중에서 선출하여, 천황 직속으로 두었습니다. 즉 조선 식민지 지배는 모두 천황을 최고 책임자로 하여 이루어졌던 것입니다.

병합에 앞서 1909년의 '민적법'을 통해 조선인의 인구 구성을 빠짐없이 파악하고 있던 일본은 1910년 병합 이후, '민적법'을 '호적령'으로 바꾸고, 이에 따라 조선의 모든 사람들을 신민(일본 국적)으로 했습니다.

메이지 시대에 일본은 아시아의 지도자로서 뒤떨어진 아시아의 나라들을 이끌고 간다는 제국주의적 사고 아래, 타민족인 오키나와(류큐 왕국)나 아이누모시리, 대만 사람들을 일본 신민으로 끌어들여 다민족 제국으로써 영토를 넓혔습니다. 나아가 조선을 병합함으로써 중국으로 가는 발판을 장악하고 영토를 넓히며, 조선인이라는 타민족을 일본 신민의 틀 안으로 끌어들였습니다.

이렇게 하여 일본 신민 중에는 원래부터 일본인(야마토 민족)이 아닌 사람들도 포함되었습니다. 물론 같은 일본 신민이라 해도 모두 평등했던 것은 아니고 민족적인 상하관계가 있었습니다. 야마토 민족이 정점에 있고 조선, 대만, 류큐, 아이누 등의 민족은 그 아래에 위치했습니다.

야마토 민족 중심의 지배이기 때문에, 조선의 식민지 통치도 조선이 아니라 일본을 위한 것이었습니다. 예컨대 철도를 만들 때에도, 일본으로 물자를 운반하는 것이 주된 목적이었기 때문에 반드시 주민의 이익과 합치되게 만들지는 않았습니다. 현재도 부산에 가면 잘 알 수 있는데, 철도역은 일본에서 온 배가 곧바로 하적할 수 있도록 항구에 가깝게, 시가지에서 떨어진 곳에 만들었습니다.

또 대일본제국 세력권 내의 이동에 있어서도 야마토 민족만 우대받았습니다.

중국 산둥 성(山東省)에 칭다오(靑島)라는 도시가 있습니다. 1차대전 전까지 독일 영토였지만, 전쟁에서 독일이 패한 뒤, 영국 측으로 전쟁에 참가했던 일본이 거의 희생을 치르지 않고 자기 영토로 삼았습니다.

당시 칭다오에서 자란 사람으로, 고명한 사회학자인 히다카 로쿠로(日高六郎) 씨가 있습니다. 히다카 씨는 도쿄 대학에 입학할 때, 연락선으로 칭다오에서 나가사키로 가서, 거기서 열차로 도쿄로 향했는데 그때는 여권이고 뭐고 필요 없었다고 합니다. 칭다오도 일본 국내와 같았기 때문에 자유롭게 이동할 수 있었던 것입니다. 그러나 칭다오에 있는 중국인은 그럴 수 없었습니다. 일본인은 자유롭게 왕래했지만 거기에 사는 중국인은 그러지 못했던 것입니다.

한편 윤동주라는 조선인의 경우를 보겠습니다.

윤동주는 조선의 북쪽에 인접한 중국 동북부의 간도라는 곳에서 태어났습니다. 간도에 사는 조선인은 1910년 병합으로 일본의 신민이 되었습니다. 이곳은 1933년에 만주국이 되었고, 현재는 중화인민공화국의 연변 조선족 자치주입니다. 윤동주는 일본의 릿쿄(立教) 대학과 도시샤(同志社) 대학에서 공부했고, 도시샤 대학 재학 중 조선의 독립을 주장했다는 혐의로 체포되어 치안유지법에 의해 유죄를 선고받은 뒤, 후쿠오카의 형무소에서 죽었습니다. 일본 패전 반 년 전이었습니다. 반 년만 더 살았더라면, 그는 조선이 식민지 지배에서 해방되는 것을 볼 수 있었을 것입니다.

시인이었던 그가 남긴 시는 한국에서 매우 사랑받고 있고, 교과서에도 실려 있습니다.

윤동주가 대학에 입학하기 위해 일본에 올 때는 도항 증명이라는 서류가 필요했습니다. 도항 증명은 일본의 특고경찰(특별고등경찰의 준말로 사상범이나 정치범의 단속을 담당합니다.)이 발급하는 서류로, 치안상 문제없다(일본에 반대하는 운동이나 독립 운동 등을 하지 않는다.)고 판단될 경우에 발급되었습니다.

윤동주의 대표작 중 하나로 「별 헤는 밤」이라는 시가 있습니다.

  계절이 지나가는 하늘에는
  가을로 가득 차 있습니다.

  나는 아무 걱정도 없이
  가을 속의 별들을 다 헤일 듯합니다.

  가슴 속에 하나 둘 새겨지는 별을
  이제 다 못 헤는 것은
  쉬이 아침이 오는 까닭이요,
  내일 밤이 남은 까닭이요,

아직 나의 청춘이 다하지 않은 까닭입니다.

별 하나에 추억과
별 하나에 사랑과
별 하나에 쓸쓸함과
별 하나에 동경과
별 하나에 시와
별 하나에 어머니, 어머니,

어머님, 나는 별 하나에 아름다운 말 한마디씩 불러봅니다. 소학교 때 책상을 같이했던 아이들의 이름과, 패, 경, 옥 이런 이국 소녀들의 이름과, 벌써 애기 어머니 된 계집애들의 이름과, 가난한 이웃 사람들의 이름과, 비둘기, 강아지, 토끼, 노새, 노루, 프랑시스 잠, 라이너 마리아 릴케, 이런 시인의 이름을 불러봅니다.

이네들은 너무나 멀리 있습니다.
별이 아슬히 멀듯이,

어머님,
그리고 당신은 멀리 북간도에 계십니다.

나는 무엇인지 그리워

이 많은 별빛이 내린 언덕 위에

내 이름자를 써보고,

흙으로 덮어버리었습니다.

딴은 밤을 새워 우는 벌레는

부끄러운 이름을 슬퍼하는 까닭입니다.

그러나 겨울이 지나고 나의 별에도 봄이 오면

무덤 위에 파란 잔디가 피어나듯이

내 이름자 묻힌 언덕 위에도

자랑처럼 풀이 무성할 게외다.

1941년 11월 일본으로 건너오기 직전에 쓴 시입니다. '부끄러운 이름'이란 무엇을 의미할까요?

1939년부터 1940년에 걸쳐 '창씨개명' 정책이 시행되어, 조선인에게 일본식 이름을 쓰라는 압력이 가해졌습니다. 이때, '창씨개명 여부는 자유의지에 따른다'는 것이 일본의 표면적인 입장이었기 때문에 조선인 중 8할 정도는 창씨개명을 하고 2할 정도는 하지 않은 상태였습니다.

윤동주 일가는 이때까지 창씨개명을 거부하고 있었습니다. 그러나 창씨개명을 하지 않은 사람에게는 도항 증명서가 발행되지 않았습니다. 창씨하지 않는 것은 일본의 통치에 불만이 있다는 표시로

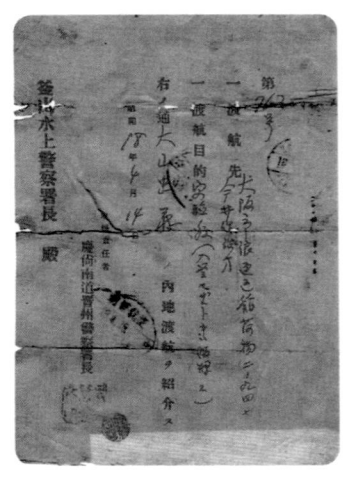

1943년 유학 목적으로 발급된 도항 증명서.
(재일한인역사자료관 소장)

간주되어 그런 사람에게는 이동을 허락하지 않았던 것입니다.

어쩔 수 없이 윤동주는 창씨개명을 받아들일 결단을 합니다. 이 시는 그때의 마음의 고통을 나타내고 있는 것이겠지요. '그러나 겨울이 지나고'로 시작되는 마지막 네 행은 일본의 통치가 끝나 그런 고통이 사라지는 날에 대한 희망을 말하는 것으로 읽을 수 있습니다.

그러나 이러한 희망을 품었기 때문에 시인은 형무소에서 죽어야 했습니다. 현재 도시샤 대학에는 윤동주의 학적부가 남아 있는데, 성명란에 '히라누마 도슈(平沼東柱)'라는 강제된 이름으로 기록되어 있습니다.

Q 메이지 시대의 일본은 서구를 모범으로 삼아 '문명개화'에 힘썼다고 배웠는데, 그런 일본은 문명개화하지 않은 조선을 열등하다고 생각한 것입니까?

그렇습니다. 그러나 그런 일본이 조선을 병합한 후에도 봉건 시대의 태형(채찍형)이라는 비문명적인 형벌이 남아 있었고, 게다가 이것은 조선인에게만 해당되었습니다. 태형은 사람을 엎드리게 해서 묶은 뒤 등, 엉덩이, 허벅지 등을 가는 채찍으로 때리는 형벌로 심한 경우에는 피부가 벗겨지고, 목숨을 잃기도 하는 잔혹한 형벌입니다. 일본은 비문명적이라고 무시하는 상대에게 비문명적인 형벌을 가하는 것을 주저하지 않은 것입니다.

일본은 자신들은 문명적이지만 아시아의 여러 나라들은 야만하다고 생각했기 때문에 병합 후 총독부가 '헌병 정치'라고 불린, 힘에 의한 통치를 했을 때는 마을마다 청결 검사라는 것을 했습니다. 헌병이 집집마다 들어가서 더럽다고 생각되면 그 집 사람들을 사정없이 때리는 것입니다.

또 당시 많은 조선인들은 농민이어서 해가 뜨면 일을 시작하고, 어두워지면 집으로 돌아가는 생활을 했는데, 이것을 두고도 시간을 못 지키는 것은 비문명적이고 열등한 증거라고 간주했습니다. 문명 대 야만이라는 사고방식은 식민지 지배를 정당화하는 사고로 서구 열강이 일본에 적용한 것인데, 불과 수십 년 후에 일본이 한국에 적용한 것입니다.

메이지 시대에 일본은 천황을 중심으로 하는 제도를 공고히 하고 '문명개화'를 추진하면서 천황에게 충의를 다하고 애국심이 강한 자가 '충량(충성심이 있고 우수)한 국민'이라는 사고를 일반 사람들에게 주입했습니다. 구미를 본떠 다른 나라나 타 민족을 지배하는 것을 지향하면서도, 정치 제도에서는 구미와 같은 민주주의를 받아들이려 하지 않았습니다. 그것이 일본의 '문명화'였습니다.

'문명'이란 기계나 기술의 발전뿐 아니라 개인의 자유와 인권 존중, 민주적 의회 제도, 법 아래서의 평등 등의 이념이 실현되는 것을 가리킵니다. 그러므로 천황이라는 군주에 충성하고, 나라를 위해 불만 없이 죽는 것이 우수하다는 생각은 본래의 문명 개념과는 분명히 다릅니다. 그러나 이러한 사고방식은 구미와 다른, 일본 제국주의의 독특한 것으로 더욱 철저히 추구되었습니다.

그리고 일본은 일본인뿐 아니라 조선인도 '문명화'하려고 했습니다. 1911년, '조선 교육령'이 반포되는데 거기에는 '교육칙어의 취지를 기반으로 충량한 국민을 육성하는 것을 본의로 한다'고 명기되어 있습니다. 교육칙어는 메이지 시대에 천황의 이름으로 발표된, 교육에 관한 국가의 기본 방침 같은 것인데, 거기서는 오로지 천황과 국가를 위해 자신을 희생하고 몸 바쳐 충성할 것이 장려되고 있습니다. 그 교육칙어를 기반으로 조선인도 '충량한 국민'으로 만드는 것이, 일본이 조선에서 실시하는 교육의 목적이라고 선언한 것입니다. 그것을 실천하기 위한 학교도 각지에 만들었습니다.

'조선 교육령'은 또한 이렇게 명기하고 있습니다.

> '교육은 특히 덕성 함양과 국어 보급에 힘쓰고, 이로써 제국 신민의 자격과 품성을 갖출 것을 요한다.'

조선에서의 교육은 도덕을 중시하는 마음을 기르고, 국어 보급에 힘써 그를 통해 조선인에게 일본 제국 신민의 자격과 품성을 몸에 익히게 하는 데에 필요하다는 것입니다. 여기서 '국어'란 일본어를 가리킵니다. 어느 날 갑자기 조선에서 늘 사용하던 말이 아니라 그때까지 들어본 적도 없는 일본어가 국어가 되어, 그 국어를 못 쓰는 사람은 제국 신민의 자격이 없는 사람, 2류 국민이라는 취급을 받은 것입니다.

그러나 일본이 만든 근대적인 학교에 다니는 조선인은 별로 많지 않았습니다. 조선에서는 의무 교육이 아니었기 때문에, 학교에 다니는 어린이의 비율은 낮았습니다.

1922년, 3·1운동 후에 '제2차 조선 교육령'이 발표됩니다. 거기서는 교육의 목적으로 '조선인이라는 관념을 옅게 하고, 마침내 자신은 단지 일본인이라는 관념을 채우는 것이 매우 중요하다'고 명기하고 있습니다. 즉 조선인에게 조선인이라는 자각을 없애고, 완전히 일본인이라고 생각하게 하는 것이 중요하다고 여겨진 것입니다.

식민지 시대의 전반기에는 조선어를 제2외국어 같은 부차적인 것으로 가르쳤지만, 후반기에는 그것도 금지되어, 어쩌다 조선어를 사용하면 선생님에게 심한 체벌을 받았습니다. 말뿐 아니라 일본의 역사나 문화를 자기의 역사나 문화로 배우고, 조선에 관한 것은 열등하다고 배웠습니다. 또한 조선인이 조선의 언어, 역사, 문화에 집착하는 것은 시대의 흐름에 역행하는 잘못된 생각이라고 부정되어 심한 경우에는 처벌받고, 투옥되기도 했습니다.

Q 조선 사람들은 저항하지 않았습니까?

필사적으로 저항했습니다. 그 대표적인 사건이 3·1운동입니다. 이것은 1919년 3월부터 조선 사람들 사이에서 일어난, 식민지 지배에 반대하는 대규모 운동이었습니다. 병합 이후 9년간 일본은 있는 힘을 다해 억압했지만, 조선인이 추종하게 만들 수 없었습니다. 추종은커녕 조선인에 의한 대대적인 독립운동이 일어난 것입니다. 이 운동은 처음에는 폭력을 사용하지 않고 '대한 독립 만세'라고 외치며 행진하는 비폭력 저항 운동으로 시작되었습니다. 지식인과 종교인 등의 민족 대표들이 서명한 「독립선언서」는 '우리의 목적은 일본에 원망을 품고 복수하는 것이 아니다, 일본이 각성하기를 바라는 것이다, 일본은 구미와 함께 아시아를 지배하려 하지 말고, 아시아와 손잡고 구미에 대항해야 한다'는 취지를 담고 있습니다. 앞에서 말한 시인 한용운은 불교계 대표로서 이 선언에 서명했는데, 그 말미에 어디까지나 비폭력적으로 정정당당하게 주장을 펼 것이라는 '공약'을 덧붙였습니다.

그러나 일본은 이 운동을 무력으로 강하게 탄압했습니다. 대표적인 사건이 1919년 4월 15일에 일어난 제암리 학살 사건입니다. 경기도 어느 마을(현재의 화성시)에서 독립 만세를 외쳤다는 혐의로 일본군과 경찰이 조선인 주민 20여 명을 교회 안에 가둔 채 사살하고 불태운 사건입니다. 이 사건은 구미 언론이 보도해서 국제적으로 알려졌습니다. 그러나 당시의 군사령관은 일본의 입장이 불리해지리라 판단해 학살과 방화를 인정하지 않기로 결정하고, 책임자도 처벌하지 않았습니다.

3·1운동이 일어나고부터 약 1년 간, 일본은 조선인을 5만 명 가까이 체포하고, 7500명 이상 죽였습니다. 앞서 말한 태형이 가해진 사람 수는 만 명 이상에 이릅니다.

현재 한국에서 소설가에게 수여되는 대표적인 상으로 '동인문학상'이 있는데, 이것은 김동인이라는 문학자의 이름을 딴 것입니다. 김동인은 1900년에 태어나 일본의 메이지가쿠인(明治学院) 중등부 등에서 공부한 적이 있는 사람으로, 조선에서 근대 소설의 기반을 만들었다고 평가되는 문학자입니다. 그 김동인의 대표작이 「태형」입니

3·1운동 당시 서울(당시는 경성)에서 여학생들의 모습.

다. 3·1운동 당시 3개월간의 구치소 생활 경험을 바탕으로, 구치소에서 같은 방에 있던 노인이 채찍을 맞는 비명을 들어야 했던 때의 복잡한 심정을 그린 작품입니다. 중국에서 루쉰의 『외침』처럼 김동인의 「태형」은 조선인에게 근대 의식의 출발점이 되는 작품 중 하나라고 할 수 있습니다.

3·1운동으로 예상을 뛰어넘는 저항에 부딪힌 일본은 통치 방침을 바꾸는 것이 좋겠다고 생각해, '무단 통치'라고 불린 억압 정치에서, 조선어 신문의 발행을 허락하는 등, 제한된 범위 내에서 조선인의 자유를 아주 조금 허용하는 '문화 통치'로 전환을 시도합니다. 조선인의 저항 정신을 달래면서 물질적인 통치뿐 아니라 정신적인 통치를 강화하고자 한 것입니다.

그 정책의 일부로 제2차 조선 교육령에서는 어린이들이 조선인이라는 자각을 갖지 않고, 스스로 일본인이라고 생각하도록 하는 교육(동화 교육)을 지향한 것입니다.

Q 그럼 일본인과 조선인의 구별은 없어졌습니까?

아니요, 일본인과 조선인의 구별은 엄연히 남아 있었습니다. 1922년 일본은 '호적령'을 개정하여, 내지로의 전적(轉籍, 호적을 옮기는 것)을 금지했습니다.

이 이야기를 하기 전에, 일본의 호적에 대해 살펴봅시다.

일본의 호적 제도는 세계에서도 비슷한 예가 없을 정도로 치밀합니다. 호적을 만든 목적은 국가가 정한 국민의 의무를 빠짐없이 부과하기 위해 국민을 구석구석까지 파악하는 것이었습니다. 대일본제국헌법에 정해진 국민의 3대 의무란 병역, 납세, 교육입니다. 교육이 의무라는 것은 조금 의외일 수 있는데, 의무 교육이란 국가가 국민에게 이행해야 하는 의무라기보다 국가가 국민에게 부과한 의무라고 생각하는 것이 정확합니다.

의무 교육에는 두 가지 측면이 있습니다. 하나는 말할 것도 없이 읽기, 쓰기, 산수 등 보통 사람들이 사는 데 필요한 지식이나 기술을 가르치는 것입니다. 이러한 교육을 받지 못한 사람은 매우 불편하고 불리한 인생을 살 수밖에 없습니다. 또 하나는 애국심이나 집단적 규율을 가르쳐서 보통 사람을 국가가 원하는 국민으로 만드는 것입니다. 징병제가 시행되는 경우, 의문을 품지 않고 군대에 들어가, 국가가 명하는 대로 전쟁을 수행하는 사람이야말로 국가가 보았을 때 바람직한 국민입니다.

납세의 의무란 국민들에게 빠짐없이 세금을 징수하는 것입니다. 당시의 호주 제도(이에 제도[家制度])*에서는 장남이 가장 우수한 자식이라고 간주되어, 재산도 장남이 모두 상속(장자 상속)받았기 때문에 누가 장남이고 누가 차남, 삼남인가를 파악할 필요가 있었습니다. 그

●── 메이지 민법에서 채용된 가족 제도로 친족 관계에 있는 사람 중 가까운 사람을 호주와 가족으로 묶어 호주에게 이에(家)의 통솔 권한을 부여한 제도이다.─옮긴이

리고 병역에는 차남, 삼남부터 보냈습니다. 이들은 전쟁에서 죽어도 가문이 끊길 우려가 적기 때문입니다.

국가를 하나의 생물체로 생각해, 가족 하나하나를 국가라는 생물의 세포처럼 파악하면서, 사람들을 국가에 유리한 국민이 되도록 교육하고, 세금을 거둬들이고, 군대에 보내기 위한 대장이 호적입니다. 현재는 당시와 달리 개인의 자유와 존엄이 존중되어야 한다는 표면상의 원칙이 있지만 그래도 호적에 올라 있지 않은 사람은 여러 면에서 불편하거나 손해를 보게 되어 있습니다. 예를 들면 결혼할 때 자유의사를 바탕으로 두 사람의 호적을 합치지 않는 사람들이 있습니다. 이러한 결혼은 '사실혼'으로 불리는데, 유산 상속 등에서 매우 불리합니다. 과거의 '이에 제도'의 사고방식이 아직 남아 있기 때문이라고 할 수 있습니다.

참고로 일본 이외에 이런 호적 제도가 있는 나라는 한국과 대만입니다. 두 나라 모두 일본이 식민지 지배했을 때, 이 제도를 도입했기 때문입니다. (한국에서는 2005년에 호주제가 폐지되었습니다.)

식민지 지배 이야기로 돌아가겠습니다.

1920년대라고 하면 앞서 이야기한 것처럼, 일본 내지로 이주하는 조선인이 20만 명, 30만 명으로 급격히 늘어난 시기입니다. 그 시기에 전적을 금하는 '조선 호적령'을 발표한 것은, 조선인이 내지로 호적을 옮기는 것을 인정하면 호적상 일본인과 조선인이 구별되지 않을 것을 우려했기 때문입니다.

앞서도 이야기했지만, 식민지주의란 식민지 사람들은 열등하기 때문에 자신들과 같은 권리가 없고, 임금도 싼 것이 당연하다는 사고방식입니다. 식민지를 지배하는 나라(종주국)는 차별 덕분에 큰 이익을 얻기 때문에, 지배와 이익을 위해서는 차별을 남겨야 합니다. 그래서 '일시동인(一視同仁)'*이라는 구호를 외치면서도 호적령으로 전적을 금지하여, 조선인은 내지로 이주해도 외지인인 채로 있도록 한 것입니다. 법률적으로도 조선인은 '호적령'을, 일본인은 '호적법'을 적용받는 것으로 구별했습니다. 일례로 저의 할아버지는 당시, 같은 일본 영토 안에 있던 조선의 충청남도에서 내지인 교토로 옮겨와 살았지만, 호적을 교토로 옮길 수는 없었습니다.

한편으로는 조선 고유의 언어, 역사, 문화를 부정하고 완전히 일본인으로 바꾸는 정책을 펼치면서 다른 한편으로는 몇 세대가 지나도 호적만 조사하면 조선인이라는 것을 알 수 있도록 한 것입니다. 이렇게 해서 조선인과 일본인을 혈통적으로 구별하는 근거를 남겼습니다.

이런 정책을 펼친 토대에는, 어느 민족 집단의 고유성('우수성' 혹은 '열등성')은 그 '혈통'에 의한다는, 오늘날의 시각에서 보면 도저히 과학적이라고 할 수 없는 사고방식이 있습니다. '일본인'이라는 집단은 오랜 옛날부터 하나의 순수한 혈통을 공유해온 집단이 아니라 일본 열도라는 장소를 오간 여러 집단이 섞여 형성된 것이고, 그러한 변

● ── 모든 사람을 평등하게 보아 똑같이 사랑한다는 뜻으로, 당나라의 문장가 한유(韓愈)가 지은 「원인(原人)」에 나오는 말이나, 일본의 식민지 지배기에 피지배 지역 민족들을 차별하지 않는다는 표어로 사용되었다.─옮긴이

화의 과정은 현재도 계속되고 있습니다. 이것은 '일본인'뿐만 아니라 어떤 집단도 마찬가지입니다. '피의 순수성이나 우수성을 지킨다'는 잘못된 생각은 나치 독일의 유대인 학살 같은 무서운 사태를 초래했습니다.

패전 전의 일본도 '우수한 혈통을 가진 야마토 민족이 구미에 대항해서 아시아의 지도자가 되어야 한다'는, '혈통'에 대한 잘못된 사고방식에서 조선인 등 다른 민족과 일본인을 구별하는 호적 제도를 만든 것입니다.

Q 한편으로는 '같은 신민이다'라고 하면서 또 한편으로는 혈통으로 구별했군요.

그렇습니다. 실제로는 같은 신민인데(또는 같은 신민이기 때문에), 일본인에 의한 심한 차별이 당연시되었습니다. 1919년에 발표된 '총독부 관제 개혁 조서'라는 천황의 조칙은 당시 일본인과 조선인의 관계를 잘 나타내고 있습니다.

> 나(천황)는 이전부터 조선의 평온무사를 바라고, 그 민중을 어여삐 여겨 차별하는 일 없이, 소중히 생각한다. 나의 신민으로서 조금도 차이는 없다……

'일시동인'이란, 천황의 입장에서 보면 신하라는 점에서 일본인도, 조선인도 동등하다는 의미입니다. 3·1운동 이후 조선인을 달래려고 이런 표어를 강조했습니다.

물론 이것은 절대적인 권력자인 군주와 그 신하와의 불평등한 관계를 당연한 전제로 한 생각이기 때문에 진정한 평등이라고 할 수는 없습니다. 하물며 천황은 조선인들이 스스로 떠받드는 군주가 아니라 지배 민족의 군주이기 때문에 '일시동인'이라고 해도 기쁘게 받아들일 수 없는 것은 당연합니다. 게다가 그 '일시동인'조차도 실제로는 실행되지 않았습니다.

그래도 천황이 일부러 이런 조칙을 발표해서 조선인들을 달래려고 한 것은 거꾸로 그만큼 차별이 심했다는 것을 나타냅니다. 국가의 정책 수행에 방해가 될 만큼 보통 일본인의 조선인 차별이 도를 넘었다는 뜻이지요.

1933년 만주사변 후, 군은 「조선 동포에 대한 내지인 반성 자료 기록(朝鮮同胞に對する內地人反省資錄)」이라는 책자를 냈습니다. 지금 같은 심한 차별을 계속하면 원활한 통치를 할 수 없다고 하여 만든 것입니다. 서문에는 천황의 단카를 인용해 이렇게 쓰고 있습니다. 여기서 '대제(大帝)'는 천황을 의미합니다.

……이에 거듭 대제의 '자비를 널리 펼치면 다른 나라 들판의 호랑이라도 잘 따르지 않을 리가 없다'는 말씀을 삼가 전하며, 내지인 여러분의 깊은 반성을 촉구한다…….

여기서 '다른 나라 들판의 호랑이'는 조선인과 같은 식민지 사람들을 비유한 것입니다. 이 책자의 목차를 살펴보면 다음과 같은 항목이 나열되어 있습니다.

- 조선인에게 보내는 편지에 '여보'라고 써서 보낸다.
  ('여보'란 전화를 걸 때 '여보세요'라고 하듯이, 조선어로 말을 걸 때 사용하는 말인데, 그것이 차별어가 되어 '어이, 여보 이리 와'라든지 '저기 여보가 간다' 등과 같이 모욕적으로 사용되고 있었습니다. 그 말을 편지의 수신자명으로도 사용했다는 것입니다.)
- 내지인이라고 생각해 정중하게 이발하고는, 나중에 조선인인 것을 알고 모욕한다.
- 활동사진 구경하러 가서 빈자리가 있어도 앉을 수 없다.
  (영화관에 자리가 비어 있어도 조선인은 앉을 수 없었다는 의미입니다.)
- 불이야! 하는 소리에 달려갔지만 조선인의 집이라는 것을 알고는 모두 되돌아간다.
- 생사의 갈림길에 있는 임산부도 선불을 주지 않으면 왕진하지 않는 의사
- 운동회 진행 위원이 "불결한 센진은 돌아가."라고 호통치고 문제를 일으킨다.
- 군인을 지망하는 조선인을 '나라를 잃은 센진이 전쟁은 할 수 있나'라며 모욕한다.

이런 것들은 미국 남부에서 있었던 흑인 차별이나 남아프리카에서 있었던 아파르트헤이트 같은 인종차별 그 자체입니다.

**Q 식민지 지배에 차별이 필요한데,
너무 많이 차별하면 곤란해지는 이유는 무엇인가요?**

너무 악랄한 대우를 받으면 조선인들 사이에서 일본의 지배에 대한 반감이 높아지기 때문입니다. 또 일본에 더욱 절실한 문제도 있었습니다.

나중에 중국과의 전쟁이 길어지자, 조선인도 전쟁에 협력시켜야 했는데, 일본인의 차별이 심해서 동원이 순조롭게 되지 않았습니다. 조선인의 입장에서 생각하면, 자신을 업신여기는 사람들을 위해 전쟁을 도와야겠다는 마음은 생기지 않겠지요.

일본 정부나 군부는, 조선인도 병사로 동원해야 하고, 그를 위해서는 조선인을 일본인으로 개조해야 한다고 생각하게 됩니다. 군인은 무기를 들고 죽을지도 모르는 위험한 곳으로 가서 싸워야 하는데 자신을 일본인이라고 생각하지 않으면 그러기 힘들기 때문입니다. 그래서 1936년 '내선일체(內鮮一體)'를 외치게 됩니다.

'내선일체'란 내지와 조선이 일체가 된다는 것으로, 조선인의 몸도, 마음도, 피도, 살도 모두 일본인으로 다시 만든다는 의미입니다.

당시 조선총독부의 정책 목표는 '천황 행행(行幸)'과 '징병제 시행'

의 실현이었습니다. '행행'이란 천황의 지방 시찰 여행을 일컫는 말입니다. 즉 조선을 천황이 안심하고 다닐 수 있는 곳으로 만들자는 것, 조선인을 안심하고 군사 훈련을 시켜 무기를 들 수 있는 사람으로 만들자는 것입니다. 그러지 않으면 그 무기를 일본에 들이댈지도 모르기 때문입니다.

학무국(총독부의 문부성) 국장 시오바라 도키사부로(塩原時三郎)는 다음과 같이 말했습니다.

> 천황을 위해 몸과 목숨을 바치는 것은 소위 말하는 자기희생이 아니라, 작은 나를 버리고 위대한 천황의 영광에 살며, 국민으로서 참 생명을 떨쳐 일으키는 것이다.

국가나 천황을 위해 몸과 목숨을 바치는 것은 자기희생이 아니며 작은 자아를 버리고 천황을 중심으로 하는 큰 영광에 사는 것이고 그것이야말로 국민으로서 진정한 삶을 사는 것이라는 의미입니다.

예를 들면 특공대에 지명되어, "국가와 천황을 위해 희생하겠습니다." 하고 말하면 사정없이 두들겨 맞았습니다. 그것은 '자기희생'이 아니고, 앞장서 죽음으로서 진정한 생명을 얻는 것이므로, 진심으로 기쁘게 죽으라는 것입니다. 이러한 사고방식이나 도덕이 일본인에게는 물론 조선인에게도 강요되었습니다. 조선인을 그런 식으로 개조하는 것을, 천황의 나라의 신민으로 바꾼다는 의미로 '황국신민화(皇國臣民化)'라고 했습니다. 그것을 짧게 줄인 말이 '황민화'입니다.

이 황민화 정책으로 1937년에는 '황국 신민의 서사'*, '궁성 요배(宮城遙拜)', '국기 게양', '신사 참배', '애국 저금' 등이 실시됩니다.

황국 신민의 서사는 '우리는 황국 신민이다'로 시작되는 맹세의 문장으로, 이것을 매일, 학교나 직장의 조례와 종례 시간, 마을이나 동네 행사 등에서 제창하게 했습니다.

그리고 일본인 경찰관이나 헌병이 요구하면 언제라도 외워야 했습니다. 길을 가던 조선인 노인을 헌병이 불러 세워 '황국 신민의 서사'를 외우게 하여 노인이 외우지 못하거나, 혀가 꼬이면 체벌을 가했습니다. 노인들에게 일본어는 모국어가 아닌데다 그 내용이 자신들을 압박하는 천황을 따르는 신민이란 것이었으니 더욱 말하기 어려웠겠지요. 이 시대를 경험한 연배의 사람들 중에는, 억지로 외운 맹세의 문장을 통한의 마음과 함께 지금도 기억하고 있는 사람이 많습니다.

'궁성 요배'의 '궁성'은 황거(皇居, 천황이 사는 곳—옮긴이)를 가리키는 것으로, 아득히 먼 곳에서 황거 쪽을 향해 깊숙이 절하는 의식이

---

* 1937년 국민 정신 함양을 목적으로 만들어진 것으로 아동용과 성인용이 있으며 내용은 아래와 같다.—옮긴이

아동용
1. 우리들은 대일본 제국의 신민입니다.
2. 우리들은 마음을 합하여 천황 폐하에게 충의를 다합니다.
3. 우리들은 인고단련하여 훌륭하고 강한 국민이 되겠습니다.

성인용
1. 우리는 황국 신민이다. 충성으로써 군국에 보답하련다.
2. 우리 황국 신민은 신애협력하여 단결을 굳게 하련다.
3. 우리 황국 신민은 인고단련하여 힘을 길러 황도를 선양하련다.

조선총독부 제2육군병 지원자 훈련소 입소식을 마치고 평양 신사를 참배하는 광경.(1942년 12월 19일, 일제강점하 강제동원피해진상규명위원회 소장)

고 '신사 참배'는 일본의 국가 신도(國家神道)•이자 천황제와 연결된 종교의 신사에 참배하는 것입니다.

한국에서는 지금도 인구의 1/3 정도가 그리스도교인인데, 당시에도 그리스도교 학교가 많이 있었습니다. 현재는 신앙의 자유가 헌법으로 보장되어 있지만, 이 시대에는 인정되지 않았습니다. 예를 들면 학교장의 회의가 열릴 때, 회의 시작 전에 전원이 신사에 참배하는 것이 국민의례로 정해져 있었습니다. 평양에 있던 그리스도교계

•──일본의 근대 천황제를 바탕으로 하는 국교 제도. 건국 신화에 등장하는 신들과 황실에 관련된 신들을 숭배하는 것을 기반으로 한다.─옮긴이

학교인 숭실 학교 선생님들은 신앙 때문에 신사 참배를 거부했는데, 그 때문에 학교 자체가 폐교되었습니다.

일본 국내에도 종교적 신념 때문에 신사 참배를 거부한 사람들이 있었습니다. 일부는 병역도 거부해서 형무소에 수감되어 곤욕을 치렀습니다. 조선에서도 그리스도교인을 중심으로 신사 참배를 거부한 사람들이 많았고, 그 때문에 형무소에 수감되어 많은 사람이 목숨을 잃었습니다.

1937년 육군성(도쿄에 있는 군의 중심)이 조선인의 병역에 대해 조선군에 의견을 요청했습니다. 여기서 조선군이란 조선인 군대가 아니라 조선에 주둔하고 있는, 조선을 가장 잘 아는 일본군입니다. 1907년에 대한제국 군대가 해산된 이후, 조선인 군대는 없었습니다. 저항을 경계한 일본은 조선인이 무기를 손에 넣을 수 없도록 징병 대상에서 제외한 겁니다.

조선군의 회답은 '병력이 부족하니 보충을 위해 조선인도 징병하는 것은 지극히 당연한 일이나, 조선에서 징병은 수십 년 후에나 생각할 수 있다'는 것이었습니다.

그 이유로 조선인 학동들은 집에 가면 부모가 옛날 그대로 게으른 생활을 하고 있고, 교육은 일본에 의해 강요되었다는 생각을 갖고 있다는 것, 게다가 학교 교육은 내지에서조차 더욱 군국주의적으로 하지 않으면 안 되는데, 조선의 교육은 그러한 내지 교육의 흉내 내기에 지나지 않는다는 것을 들고 있습니다. 그래서 황민화 교육에는 50년 정도 걸리는데, 그 50년을 가능한 단축시켜야 한다고 지적

했습니다.

현재 황민화 교육을 받고 있는 사람들의 자식이나 손자 세대까지, 2세대 정도의 시간을 들이지 않고는 조선인을 일본인으로 개조하는 것은 불가능하며 지금 그들을 훈련시켜 무기를 주어 전쟁터에 보내는 것은, 아직 지배자인 일본에 위험해서 안 된다는 의미입니다.

Q 그럼 조선인은 군대에 가지 않았습니까?

전쟁이 점점 격화되어 그럴 수 없게 되자 1944년부터 조선인에게도 병역을 부과하게 되었습니다.

그때 조선총독부 정보과가 조선인 징병 실시에 맞춰 '새로운 조선'이라는 팸플릿을 제작했습니다. 사진이 들어간 멋진 팸플릿으로 조선인도 일본의 전쟁에 협력할 것을 호소하고 있습니다. 조금 길지만 문장을 인용하겠습니다.

> 고작 2800만 조선 동포가 한데 모여 지금 당장, 태어날 때부터 충량한 야마토 민족과 같은 자격을 부여받기에는 아직 의식 수준도, 정신력도 상당한 격차가 있다. 앞으로 한층 더 조선 동포 스스로 자기 수련과 노력이 필요하며, 또한 형님 격인 내지인의 지도를 필요로 하는 것은 사실이다. 그럼 2800만 조선 동포가 언제 야마토 민족과 동일하게 될 수 있을까 하는 것은 한마디로 말하면 조선 동포 스스로

가 완전히 황국 신민이 되는 그때이다. 그러기에는 지금이 가장 적절한 시기다. 즉 이 대동아전쟁을 어떻게 싸워내고, 어떻게 일체를 군국에 바치는가가 시금석이다. 모든 것을 군국에 다 바치고 전쟁에서 싸워 승리를 맞이한 그때야말로 명실상부하게 영예로운 대동아의 중핵적 지도자로서의 위치가 부여될 것이다.

이 팸플릿에는 '야마토 민족'이기만 하면 특별한 노력을 하지 않아도 태어날 때부터 아시아 전체를 지도할 자격을 갖추는데, 그렇지 않은 조선인은 전쟁에서 모든 것을 다 바치고, 충성을 다한 다음에

조선총독부가 출판한 『새로운 조선(新しき朝鮮)』에서 '지금이다 하며 가는 반도의 청년과 학도' 페이지. 지원의 혈서에는 '일사보은(一死報恩, 죽음으로 은혜에 보답한다)', '반드시 저를 지원병으로 뽑아주십시오'라는 말과 함께 서명이 있다. 사진의 설명에는 '감격의 징병제 발표', '빛나는 학교 깃발 아래서 결의를 새롭게', '대지에 새기는 학도의 발자취', '끓는 피로 행진하는 지방 학도'라고 쓰여 있다.

야 동등하게 인정받을 수 있다고 쓰여 있습니다. 한편에서는 불공평하고 차별적인 취급을 하면서 그것이 싫으면 목숨까지 일체를 바치라고 요구하는 것입니다. 사람을 차별하고 나서, 차별받는 사람의 차별에서 벗어나려는 바람마저 이용하는 것은 전형적인 식민지 지배 방법이라고 할 수 있습니다.

1944년 조선에서 징병제가 실시되었습니다. 일본 후생성의 조사에서는 군인, 군속(군대를 위해 사역하는 민간인)으로 전쟁에 동원된 조선인은 24만 2000명 남짓으로, 그중 2만 2000명이 사망했습니다.

Q 군인이 되어 일본을 위해 싸우면, 일본인과 같은 대접을 받을 수 있었나요?

아니요, 일본인과의 차별은 그대로 남아 있었습니다. 그렇지만 징병제가 실시되면서 조선인의 참정권도 인정하자는 움직임이 생겨났습니다.

근대 국가에서는 '병역 없이 투표 없고, 투표 없이 병역 없다'는 것이 약속처럼 되어 있습니다. 18세기 말, 프랑스혁명 때 처음으로 국민개병제도(국민 누구나 군대에 가는 제도)와 함께, 근대적인 국민군이 만들어졌습니다. '국민은 군대에 가야 한다. 나라를 위해 목숨을 내놓을 용의가 있는 사람만이 나라의 현안에 발언할 자격이 있다'는 사고방식은 프랑스혁명 이후에 생긴 것입니다. 그리고 이 사고방식은 오랫동안, 여자는 군대에 가지 않기 때문에 투표권을 주어서는 안 된다는 주장의 구실이 되었습니다.

19세기가 되어 근대 국민국가가 잇달아 탄생했고, 20세기에는 1차대전이 일어났습니다. 인류 역사상 최초의 '총력전'이라 불리며, 나라 전체의 힘을 총동원하는 전쟁이었습니다. 남자들이 모두 전쟁에 나가고 없게 되자, 여자들도 직접 전쟁터에 가지는 않더라도 군수 공장 등에서 일하며, 그때까지 여자들이 하지 않던 일을 떠맡게 되었습니다. 그래서 여자도 전쟁에 협력하는데 투표권이 없는 것은 말이 안 된다는 논의가 일어, 남성과 여성의 법률적 권리를 동등하게 해야 한다는 운동으로 확산되었습니다. (일본에서는 1945년 패전 이전에 여성의 참정권이 없었습니다.)

1944년까지 조선인은 병역 대상이 아니었기 때문에 투표권도 인정되지 않았습니다. 이것은 '조선인은 전쟁에도 가지 않고, 투표도 할 수 없는 절반의 국민'이라는 편견으로 이어졌는데, 병역을 부과하게 되자, 투표권을 요구하는 조선인의 목소리를 무시할 수 없게 되어, 1945년 1월에 귀족원˙령과 중의원 선거법이 개정되었습니다. 귀족원에는 7명의 조선인이 칙선(천황의 지명으로 선출)되고, 중의원에는 조선 출신 의원 23명의 의석이 마련되었습니다. 이에 따라 조선 반도에 사는 조선인에게 처음으로 참정권이 주어졌습니다. 그러나 제도

●——— 1890년에 창설된 입법 기관으로, 메이지 헌법하에서 중의원과 함께 제국의회를 구성했다. 상원의 일종.—옮긴이

전쟁에 동원된 조선인을 특집 기사로 다루고 있는 잡지 《아사히 그라프》의 화보.(재일한인 역사자료관 소장)

조선총독부 제2육군병 지원자 훈련소 입소식.(1942년 12월 18일, 일제강점하 강제동원피해진 상규명위원회 소장)

만 개정되었을 뿐, 전쟁 중이었기 때문에 실제로 선거는 실시되지 않았습니다.

즉 일본의 통치 시대인 1910~1945년에, 조선 반도의 조선인은 단 한 번도 참정권을 행사할 수 없었습니다. 외지인 조선 반도의 상황은 그러했지만, 일본 내지에 거주하는 조선인(현재의 재일조선인의 전신)에게는 참정권이 부여되었습니다. 6개월 이상 일정한 장소에 머물고 있을 것, 고액의 세금을 내고 있을 것, 남자일 것 등 다양한 제한은 있었지만, 내지에 사는 한 참정권은 있었습니다. 친일적인 사람이긴 했지만, 박춘금(朴春琴)이라는 중의원 의원도 있었습니다.

내지에 살던 조선인에게 참정권이 있었다면, 그 참정권은 일본의 패전 후 어떻게 되었을까요? 현재의 재일조선인에게는 참정권이 있을까요? 이는 매우 중요한 문제이기 때문에 나중에 다시 설명하겠습니다.

Q 1940년에는 조선인이 일본 내지에 많이 끌려왔지요?

1940년대가 되자 철저한 전시체제 하에서, 많은 조선인이 노동력으로 일본에 끌려왔습니다. 중국과의 전쟁이 길어지는데다 미국, 영국과도 전쟁하게 되자 일본인 노동 인구가 대부분 군대에 가서 노동력이 부족해졌기 때문입니다. 곤란해진 광산주나 업계 단체들이 조선인을 데리고 와서 일을 시킬 수 있게 해달라고 정부에 요청했고, 국가도 그것을 인정해 '조선인 노동자 이입(移入)에 관한 건'이라는 정책을 결정했습니다. 어떤 탄광은 몇 천 명, 다른 탄광은 몇 천 명 하는 식으로 배당하고 정한 날까지 그 인원을 모으도록 조선총독부에 명령했습니다. 명령을 받은 조선총독부는 그것을 마을마다 전달하고 마을에서는 사람을 모집했지만 노동이 가혹한데다 언제 돌아올 수 있을지 모른다는 사실이 먼저 일본에 간 사람들로부터 전해졌기 때문에, 좀처럼 사람이 모이지 않습니다. 그래서 마을의 관리들은 불리한 처지에 있는 사람, 예컨대 차남이나 삼남 등을 거짓말로 속여 모집했습니다. 그래도 모자랄 때에는 억지로 끌고 가 트럭에 실어 보냈습니다.

이와 같은 '강제 연행'에 의해 적게 잡아도 약 72만 4000명이 일본으로 연행되어 탄광, 광산, 군수 공장, 건설 공사 현장 등에 보내졌습니다. 그 밖에 조선 내의 다른 지방, 만주, 동남아시아, 남태평양, 사할린 등으로 연행된 사람도 많은데, 전체 숫자는 파악되지 않았습니다.

또한 중국의 점령지에서도 마찬가지로 포로나 민간인 등을 연행하여 일하게 했는데, 이들을 '화인노무자'라고 불렀습니다.

조선인은 일본인에 비해 현저히 낮은 임금으로 일했습니다. 탄광이나 공장에서 일한 사람들은 그 임금조차 기숙사비, 강제 저금의 명목으로 공제되었습니다. 가혹한 노동에, 전쟁 중의 식량 부족에, 일본인 감독의 감시나 폭행도 있어, 죽거나 도망가는 사람이 끊이지 않았습니다. 너무나 가혹한 대우 때문에 폭동이 일어난 탄광도 있었습니다.

일례로 2011년 6월에 제가 방문했던 후쿠시마 현 고리야마 시(郡山市) 교외의 다카타마 금광(高玉金山)에 대해 이야기하겠습니다.

후쿠시마 현에서 전쟁 중에 조선인이 가장 많이 끌려온 곳은 석탄을 채굴하는 조반 탄광이었습니다. 다카타마는 금광산으로, 일본의 3대 광산 중 하나로, 일본광업이 소유하고 있었습니다. 전후에 폐산되었고 현재는 관광 시설로 운영되고 있습니다.

이 광산에 1940년대에 연간 300명 정도의 조선인이 끌려와 일했다고 합니다. 가장 많을 때에는 600명 정도의 조선인이 일했다는 증언이 남아 있습니다.

1940년을 제1회로 해서 총 17회에 걸쳐 조선인이 이 광산에 연행되어 왔습니다. 임금은 조선에서 약속한 것보다 훨씬 적어, 당시 돈으로 50엔 정도였는데 그나마 절반은 직접 주지 않고 강제 저금이라는 형태로 장부상의 통장에 넣었습니다. 남은 절반에서 다시 기숙사비나 식비 등을 제해 손에 쥘 수 있는 것은 2엔이나 3엔으로 전체 임금의 1할 이하였습니다.

또 이 저금을 패전의 혼란을 틈타 돌려주지 않거나, 전후 몇 십 년이 지나 돈의 가치가 몇 십 분의 일로 떨어졌는데도, 당시의 금액으로 돌려주어 문제가 되기도 했습니다.

조선인 노동자들은 가혹한 노동, 형편없는 대우에 더해, 곤봉을 든 교원에게 억지로 일본어를 배워야 했고, 신사 참배도 강요받았습니다. 높은 담으로 둘러싸인 기숙사에는 경찰이 상주하면서 24시간 감시했습니다.

강제 연행 기업(일부)

■ 석탄광업·금속광업
- 아소 광업(麻生鉱業)
- 이리야마 채탄(入山採炭)
- 우베 흥산(宇部興産)
- 가이토리 탄광(貝鳥炭)
- 시즈카리 광산(靜狩鉱山)
- 스미토모 광업(住友鉱業)
- 닛산 화학공업(日産化學工業)
- 일본 광업(日本鉱業)
- 홋카이도 탄광기선(北海道炭礦汽船)
- 마쓰오 광업(松尾鉱業)
- 미쓰이 광산(三井鉱山)
- 미쓰비시 광업(三菱鉱業)
- 메이지 광업(明治鉱業)
- 라사 공업(ラサ工業)

■ 토목건설업
- 아스카구미(飛鳥組)
- 구마가이구미(熊谷組)
- 중국토목합자회사(中國土木合資會社)
- 하자마구미(間組)
- 니시마쓰구미(西松組)

■ 공업·기타
- 쇼와 전공(昭和電工)
- 스미토모 알루미늄(住友アルミニウム)
- 전기과학 공업(電気科学工業)
- 도쿄 시바우라 전기(東京芝浦電気)
- 도쿄 마사방적(東京麻糸紡績)
- 일본 강관(日本鋼管)
- 일본 차량제조(日本車輛製造)
- 일본 섬유(日本製纖)
- 일본 발송전(日本発送電)
- 후지코시(不二越)
- 미쓰비시 중공(三菱重工)

*기업명은 당시의 것. 이하의 문헌에서 작성
西成田豊『労働力動員と強制連行』山川出版者(2009年)
山田昭次·田中宏『隣国からの告発』創史社(1996年)
古庄正編著『強制連行の企業責任』創史社(1993年)
朴慶植『朝鮮人強制連行の記録』未来社(1963年)
日本の戦争責任資料センターHP (2005年現在)
http://space.geocities.jp/japanwarres/center/hodo/hodo/07.htm 참조

일본의 기간산업을 지탱하는 많은 대기업에서 강제 연행당한 조선인이나 중국인들이 일했다. 전후, 이들 기업 중 몇 곳을 상대로, 식민지 시절의 노동자들이 손해배상과 미지불 임금의 지불 등을 요구하는 소송을 제기했다. 모든 재판에서 원고의 호소는 인정되지 않았지만 화해가 성립한 곳도 있다.

정성득이 일본 홋카이도 구시로 시 샤쿠베쓰 탄광 입구에서 찍은 징용자 단체 사진. (일제강점하강제동원피해진상규명위원회 소장)

너무나 가혹한 환경 때문에 도망치는 사람도 많았습니다. 도망쳤던 사람이 붙잡히면 '오시오키' 또는 '야키이레'라고 해서, 무릎을 꿇게 한 뒤 다리 위를 철 레일로 눌러놓는 고문을 한 것이 밝혀졌습니다.

이것은 다카타마 금광의 예인데 다른 광산, 공사 현장에서도 상황은 비슷했다고 할 수 있습니다.

조선 여성도 일본에 끌려왔습니다. 여자 근로 정신대라는 이름으로 12~15세 정도의 소녀들이 군수 공장 등에서 힘든 노동을 했습니다. 조선에서 모아 온 소녀들을 기숙사 생활을 시키며 3교대로 일을 시켰는데 그 숫자는 정확하게 파악조차 되지 않아 수천, 수만 명이라고 전해집니다. 역시 임금은 제대로 지불되지 않았고 노동은 가혹했습니다.

Q 그들은 전쟁이 끝난 뒤 조선으로 돌아갈 수 있었습니까?

전쟁이 끝나자 많은 사람이 조선으로 돌아갔지만, 여러 가지 사정으로 돌아가지 못하고 일본에 남게 된 사람들이 있었습니다.

1940년대에 일본으로 강제 연행된 사람들의 경우, 일본에 온 지 몇 년밖에 지나지 않은 상태였으므로 전후 많은 사람이 조선으로 돌아갔습니다. 하지만 1920년대, 1930년대에 온 사람들의 경우 일본에 온 지 이미 10년, 20년이라는 세월이 흘러 가족이나 생활 기반이 일본에 있는 한편, 조선에서의 생활 기반은 없어진 경우가 많았습니다. 이들 중에는 앞길이 불투명해서 돌아가지 못하고 일본에 남은 사람이 많은데 이들이 재일조선인 1세입니다.

이런 예도 있습니다.「무궁화 꽃이 필 때, 가와사키 재일 1세의 꿈(ムクゲの花咲くとき 川崎在日一世の夢)」(1993년, NHK)이라는 TV 프로에 소개된 황순임 씨(당시 75세)는 전쟁 말기에 조선에 있었는데, 근처 마을에서 여성들이 위안부로 끌려간다는 소문을 듣고, 이미 일본에 와 있던 오빠를 의지해 가와사키로 도망쳤습니다. 위안부란 일본 정부가 각 전장의 '위안소'에서 강제로 군인들의 성 노예 노릇을 하게 한 조

8·15 해방 기념 퍼레이드. 시내의 중심 도로를 행진하는 사람들. 트럭에는 조선의 전승 만세, 세계 평화 등의 플래카드가 보인다. (1945년, 재일한인역사자료관 소장)

해방을 맞아 귀국선을 타고 귀향하는 사람들의 모습. (1945년, 뉴질랜드 국립 알렉산더 템플 도서관 소장)

선인, 중국인, 대만인, 인도네시아인, 필리핀인 등의 젊은 여성을 가리킵니다. 이 여성들은 속아서, 혹은 억지로 끌려왔습니다. 희생된 여성은 수만 명에서 20만 명에 이른다고 합니다. 어쩌면 황순임 씨가 들은 소문은 공장 등에서 일하는 '여자 정신대'였을지도 모릅니다. 그러나 당시 조선의 일반인들에게는 '위안부'도, '정신대'도 그다지 구별되지 않았습니다. 모두 억지로 끌려가 가혹한 일을 당한다는 것이, 전쟁 말기인 이 무렵에는 널리 퍼져 있었습니다.

황순임 씨는 당시 신혼으로 남편이 있었는데 일본에 와 있는 사이에, 남편도 강제 연행되어 규슈(九州)의 탄광으로 보내졌습니다. 부부가 따로따로 일본에 온 것입니다. 탄광에서는 행동의 자유가 없고 편지 왕래도 뜻대로 안 되는 상황이었는데 어느 날 가와사키에 있는 황 씨에게 남편으로부터 '어느 어느 날에 오면 면회할 수 있다'는 편지가 왔습니다. 이에 황 씨는 남편을 만나러 규슈에 가려고 했습니다.

전쟁 말기여서 기차표를 구하기가 매우 어려웠기 때문에, 황 씨는 아침에 1등으로 창구에 줄을 서기 위해 밤에 가와사키를 떠나 도쿄역으로 걸어갔다고 합니다. 도중에 3명의 헌병에게 심문당하는데 일본어도 잘 모르고 하니 '수상하다'고 의심을 받아, 3일간 스파이 혐의로 조사를 받았고 그 때문에 남편을 만나러 갈 수 없었습니다.

그 후 전쟁이 격렬해지고 종전을 맞이하지만, 그것을 끝으로 남편에게서 연락은 없었습니다. 황 씨는 가와사키에 있으면 남편에게서 연락이 올 것이라는 생각에 조선에 돌아가지 않고 몇 십 년째 계속 기다리고 있습니다.

3

전후, 재일조선인은 어떻게 되었습니까?

Q 일본에 남은 조선인들은 그 후 어떻게 되었습니까?

전후, 재일조선인의 법적 지위를 순서에 따라 살펴봅시다.

1945년에 일본은 전쟁에 패합니다. 일본의 패전은 조선인에게는 식민지 지배에서 해방되는 것을 의미합니다. 전쟁이 끝나기 전까지 일본 신민이었던 조선인의 국적은 해방 후 어떻게 되었을까요?

전쟁이 끝난 후에는 전쟁을 한 나라들이 앞으로 어떻게 할지를 강화조약으로 정하게 됩니다. 일본 정부의 입장은 구 식민지(대만, 조선) 사람들이 강화조약을 체결할 때까지 계속 일본 국적을 갖는다는 것이었습니다.

그런데 2년 후인 1947년에 '외국인 등록령'을 발표하면서 조선인은 '당분간 외국인으로 간주한다'고 발표했습니다.

강화조약이 아직 체결되지 않은 시점이어서 조선인은 일본 국적을 그대로 갖고 있었는데, '외국인으로 간주되니, 외국인 등록을 하라'고 명령한 것입니다. 재일조선인은 일본 국적이면서도 외국인으로 간주되는 모순된 입장에 놓이게 되었습니다.

외국인 등록에는 '국적란'이 있는데 이때 조선 반도에는 아직 국가가 없었습니다. 대한민국과 조선민주주의인민공화국이 생기는 것은 1948년입니다. 그래서 재일조선인은 국적란에 '조선'이라고 썼습니다. 이것은 국적이 아니라 조선 출신이라는 의미, 혹은 조선인이라는 민족을 나타내는 기호입니다. 일본 법무성도 아직 조선 반도에 나라가 없기 때문에 '조선'이란 '외국인 등록상의 기호'라고 했습니다.

외국인 등록법이 발포된 1947년 무렵은, 세계적으로 동서 대립(소비에트 연방 등 사회주의 진영과 미국 등의 자본주의 진영의 대립)이 격렬했습니다. 중국에서는 사회주의 국가가 성립 단계에 있었기 때문에(1949년에 중화인민공화국이 성립) 자본주의 진영은 조선이 사회주의 국가로 통일된 나라가 되는 것을 우려하여 경계했습니다.

미국 아래에서 자본주의 진영의 일원으로 발을 내딛고 있던 일본은, 일본 국적을 가진 재일조선인이 사회주의 진영 국가가 될지 모르는 조선을 왕래하는 것은 곤란하다고 생각했습니다. 그래서 이것을 단속하려고 했지만 강화조약 전까지는 재일조선인의 국적을 바꾸는 것이 불가능하기 때문에 재일조선인을 '외국인으로 간주하여' 등록시키고, 등록하지 않은 사람은 일본 입국을 금지하기로 한 것입니다.

그리고 1952년에 샌프란시스코강화조약이 발효됩니다.

샌프란시스코강화조약에 조선인 대표는 아무도 참가하지 않았습니다. 대한민국 정부는 강화회의에 참가하겠다고 요구했지만, 일본 정부가 반대했습니다. 한국과 일본은 전쟁을 하지 않았다는 것이 그 이유입니다. 한국은 일본이 싸워서 패한 상대가 아니기 때문에 강화의 상대가 아니라고 주장한 것입니다. 미국도 그 주장을 받아들였습니다.

샌프란시스코강화회의가 열린 1951년, 남북으로 나뉘어 성립한 조선민주주의인민공화국(북조선)과 대한민국(한국)은 1년 전부터 계속된 조선전쟁의 한복판에 있었습니다. 북조선은 한국 및 유엔군과 전쟁 중이어서 샌프란시스코강화회의에는 물론 초대받지 못했습니다. 재일조선인 대표도 부르지 않았습니다.

이 강화조약에는 소련도 참가하지 않았습니다. 자본주의 진영이었던 중화민국은 대만으로 옮겨가고, 중국 대륙에는 사회주의 진영인 중화인민공화국이 성립했지만, 그 중화인민공화국도 이 조약에는 참가하지 않았습니다. 전쟁에 패한 일본이 전쟁의 뒤처리를 하는 조약인데, 동서 대립의 영향 때문에 미국과 관계가 깊은 자본주의 진영 나라만이 참가한 것입니다. 그 때문에 샌프란시스코강화조약을 교전 상태에 있던 모든 나라들과 맺은 전면강화(全面講和)가 아닌, 일부 나라들하고만 체결한 '편면강화(片面講和)'라고도 부릅니다.

일본 정부는 '샌프란시스코조약의 발효와 함께, 구 식민지 출신자는 일본 국적을 상실한다'고 선언합니다. 조선인에게는 아무런 의

논도 없었습니다. 조선인의 일본 국적 상실은 샌프란시스코조약 본문에는 적혀 있지 않습니다. 이렇게 해서 재일조선인 수십만 명의 법적 지위는 일본 정부의 일방적인 선언으로 정해졌습니다.

그런데 마찬가지로 전쟁에서 패한 독일에서는 나치 독일에 병합되었던 오스트리아가 분리되었는데 나치 시대에 독일 국적을 갖고 있던 오스트리아인의 경우, 그대로 독일 국적을 갖고 있든지, 오스트리아 국적으로 되돌리든지, 각 개인이 선택할 수 있었습니다. 일본과는 전혀 다른 대응 방식입니다.

프랑스의 경우도, 프랑스가 식민지 지배하던 알제리가 독립했을 때, 프랑스에 살던 알제리인은 프랑스나 알제리의 국적 중 선택할 수 있었습니다. 대영제국이 붕괴해서 영연방이 되었을 때에도, 그때까지 식민지였던 장소에 있던 사람들에게 영연방 시민의 자격이 부여되었습니다.

재일조선인은 이와 같은 경우는 전혀 없이, 갑자기 일본 국적이 없어져버려서, 어느 나라의 국적도 없이, '조선'이라는 기호만을 갖는 사람이 된 것입니다. 일본은 조선(대한제국)을 병합하는 형태로, 조선인의 의사에 반해서 일본 국적을 강제했습니다. 그리고 패전으로 식민지 지배가 끝난 후에는, 조선인의 의사를 확인하지도 않은 채 그들의 '일본 국적'을 부정했습니다. 게다가 그들의 이후 생활을 위한 최소한의 보장 조치조차 없었습니다. 그 배경에는 조선 식민지 지배라는 역사적 사실 자체를 부인하는 일본 정부의 방침이 있었다고 생각됩니다.

조선은 일본의 패전으로 식민지 지배에서 해방되었지만, 동서 대립으로 인해 남북 두 개의 국가로 분단되었기 때문에, 당시 일본 정부는 식민지 지배로 조선인에게 준 피해에 대해 제대로 사죄나 해결을 하지 않고, 그대로 둘 수 있었습니다. 그것이 재일조선인의 법적 지위나 권리에 매우 나쁜 영향을 주었고, 지금까지 많은 문제를 남기고 있습니다.

Q 식민지 지배에 대해 해결하지 않았기 때문에 재일조선인에게 나쁜 영향이 있는 것입니까?

그렇습니다. 지금까지 이야기한 것처럼, 재일조선인은 식민지 지배 때문에 태어나게 되었습니다. 그리고 해방 후의 대우는 출신지 나라와 일본의 관계에 크게 좌우됩니다.

재일조선인 중에는 한국 국적을 취득한 사람도 있었지만 1965년의 한일조약까지 그 숫자는 '조선'적 그대로인 사람과 비교하면 지극히 소수였습니다. 거기에는 몇 가지 이유가 있습니다. 첫째, 분단된 조국의 두 개 국가 중 어느 쪽이든 한쪽만 선택하라는 것은 무리한 요구였습니다. 남북은 전쟁까지 할 정도로 대립 상태였기 때문에 남측을 선택하면 북측과, 북측을 선택하면 남측과 결정적으로 대립하는 입장을 선택하는 것이 되기 때문입니다. 그 때문에 많은 재일조선인은 가까운 장래에 통일 정부가 탄생할 것을 기대하면서 한국이라는 국적을 선택하지 않고 '조선'이라는 기호인 채 있었습니다.

더 알아두어야 할 것은, 일본과 조선 남북의 두 개 국가 사이에 국교가 없었다는 점입니다. 일본과 북조선은 현재까지도 국교가 없는 상태가 계속되고 있는데, 한국과도 1965년(일본 패전 20년 후)까지는 국교가 없었습니다. 국교가 없는 것은 상대방을 정식 국가로 인정하지 않는 것으로 나라 사이에 교류가 없는 비정상적인 상태로 있다는 것을 뜻합니다.

그 때문에 재일조선인은 출신지인 조선 반도에 자유롭게 왕래할 수 없었습니다. 즉 재일조선인은 일본 국적을 상실했음에도 불구하고, 동시에 일본이라는 장소에 갇혀버렸다고 할 수 있습니다. 북조선으로 일단 귀환하면 다시는 일본으로 돌아올 수 없었습니다. 한국의 경우도 특별한 경우를 제외하고 사람의 왕래는 별로 없었습니다.

1965년에 일본이 한국과 한일조약을 체결했기 때문에, 재일조선인 중 한국 국적을 취득한 사람은 조상의 성묘, 친족 방문, 유학 등을 위해 한국에 왕래할 수 있게 되었습니다. 역으로 말하면 한국 국적을 취득하지 않는 한, 재일조선인은 자신의 출신지이자 친족들이 살고 있는 한국에 왕래할 수 없는 것입니다.

여기서 전후 재일조선인의 국적에 대해 정리해 봅시다.

예를 들면 1905년에 당시의 조선에서 태어난 A씨의 경우를 생각해봅시다.

A씨의 국적은, 1910년의 조선 병합까지는 대한제국 신민이었다가 1910년부터는 일본의 신민이 됩니다. 1945년, 일본의 패전으로

재일조선인의 국적 추이

A씨(1905년 출생)
⬇
대한제국 신민
⬇

1910년 한국 병합 — 대일본제국 신민(일본 국적)으로
1920년 A씨 내지로 이동 ⬇ ⬇

1945년 일본 패전 — 계속 일본 국적
⬇ ⬇

1947년 외국인 등록령 — 외국인으로 간주되지만 여전히 일본 국적
⬇ ⬇

1952년 샌프란시스코조약 — 일본 국적 상실(무국적=난민)
⬇ ⬇

1965년 한일조약 — 대한민국 국적 취득자 증가

식민지 지배와 해방, 외국인 등록령, 조선 반도에서 남북 두 개의 국가 성립 등, 국가의 편의에 따라 국적을 나누는 선이 그어져, 조선인의 생활을 분단시켜왔다.

식민지 지배에서는 해방되지만 국적은 계속 일본입니다. 1947년, '외국인으로 간주한다'고 했지만 국적은 여전히 일본입니다. 1952년의 샌프란시스코조약 때에 일본 국적이 무효가 되어, 무국적이 됩니다. 그리고 1965년 한일조약이 체결되어 주변에 한국 국적을 취득하는 사람이 증가하게 됩니다.

그럼 A씨의 자손으로 대략 1935년에 일본에서 태어난 B씨의 경

우를 생각해봅시다. B씨는 1945년 일본 패전(식민지 해방) 후에 조선에 돌아갔지만, 조선에서 전쟁이 일어날 것 같아 1948년에 일본으로 되돌아가려고 합니다. 그러나 1947년에 발포된 외국인 등록령에 의한 등록을 하지 않았기 때문에 일본에 입국할 수 없습니다. 즉 일본 국적을 갖고 있는데 일본에 들어가는 것을 저지당한 것입니다.

B씨라고 이야기했지만 실은 저의 작은아버지가 바로 이런 경우였습니다. 작은아버지의 입장에서 보면 일본은 자신이 태어난 곳으로, 가족과 생활 기반이 있는 곳입니다. 전쟁이 끝나고, 저의 아버지는 생활을 위해 일본에 남았지만, 어렸던 작은아버지는 아버지(저의 할아버지)와 함께 조선으로 돌아갔습니다. 그런데 전쟁이 날 것 같아서 일본에 있는 형에게 가려고 했지만 앞서 말한 사정 때문에 입국하지 못하고, 할 수 없이 어선의 선실 밑바닥에 숨어 밀항했습니다.

이런 사정으로 밀항한 사람은 작은아버지 외에도 많이 있습니다. 그 수는 10만 명이라고도 하고 20만 명이라고도 합니다. 외국인 등록증조차 없어 밀항자(불법 체류자)로 취급되기 때문에 작은아버지는 오랫동안 숨어 지내며 불행한 인생을 살았습니다.

일본은 메이지유신 이후, 일본 열도 외에 오키나와, 대만, 조선, 사할린, 중국 동북부, 남태평양의 섬 등을 포함하는 지역을 식민지 지배하거나 점령해서 넓은 세력권을 형성했습니다. 지배 민족인 일본인은 이 광대한 세력권 안을 왕래하면서 회사나 공장을 만들고, 물자를 운반하며 이주해 생활했습니다. 패전으로 이와 같은 해외 세력권을 잃게 되자, 많은 일본인이 일본 내지로 철수합니다.

그러나 잊어서 안 되는 것은, 이 세력권은 조선인이나 대만인 등, 지배를 당한 민족에게도 하나의 생활권이었다는 것입니다. 어떤 사람은 살기 위해 어쩔 수 없이, 또 어떤 사람은 강제로 연행되어, 이 광대한 생활권의 구석구석으로 흩어졌습니다. 그러나 패전 후, 대부분의 일본인은 일본 본토로 철수할 수 있었지만 많은 조선인은 현지에 남겨졌습니다. 예를 들면 당시 사할린에는 탄광이나 임업 노동자로 끌려간 조선인이 4만 명 이상 있었지만 패전 후에는 현지에 남겨졌습니다.

일본 패전까지 조선인은 일본의 제국주의 정책에 의해 형성된 넓은 지역을 생활권으로 하고 있었는데, 일본 패전 후, 그 생활권이 국적이라는 보이지 않는 선으로 구분지어진 것입니다. 아니, 재일조선인의 경우 그것은 국적이라는 선이 아니었습니다. '외국인으로 간주한다'는 매우 애매한 선이었습니다. 그런 선에 의해 무국적 상태가 되거나 불법 입국자가 되었습니다.

한마디로 재일조선인은 '난민'으로 여겨졌다고 할 수 있습니다.

Q 재일조선인이 난민입니까?

'난민'이라는 말을 들으면 어떤 이미지가 떠오릅니까? 팔레스타인 난민이나 아프리카 난민인가요?

난민이란 국가의 비호를 받을 수 없는 사람들을 가리킵니다. 국민국가 시대인 오늘날, 원하든 아니든 간에 지구상의 많은 사람들은 어느 나라에 속하는 국민이라는 지위를 갖고 있습니다. 그것으로 납세, 병역 등의 의무를 부여받는 등 국가로부터 다양한 구속을 받는 대신, 국민의 생활이나 안전은 국가가 지켜준다는 약속하에 생활하고 있습니다. 정말로 국가가 국민을 보호하는지, 아닌지는 별개의 문제지만, 중요한 것은 그 약속을 많은 사람이 믿고 있다는 것입니다. 예를 들어 여권이 없으면 외국에 갈 수 없습니다. 여권에는 '이 사람은 우리나라의 국민이므로, 잘 부탁한다'는 의미의 문구가 적혀 있습니다. 그것을 외교보호권이라고 합니다. 그런데 무국적인 사람들에게는 여권을 발급해줄 정부가 없습니다.

보호해줄 나라가 없는 사람, 국가의 보호를 받을 수 없는 상태에 있는 사람을 난민이라고 부릅니다. 프랑스에서는 어느 나라에서도 신분을 증명해주지 않는 사람을 가리켜 '상파피에(sans papier, 종이 없음)'라고 부릅니다. 어느 나라에서도 서류(종이)가 발행되지 않는 상태라면, 매우 불편하고 누구도 지켜줄 수 없는 존재가 됩니다. 난민이란 국민과 대립되는 개념인 것입니다.

재일조선인은 많은 사람이 상상하는, 사막으로 내몰려 텐트에서 지내는 그런 난민은 아니지만, 국가의 보호라는 약속에서 방출되었다는 의미에서 난민입니다. 일본이라는 나라는 패전 후, 자국 안에 재일조선인이라는 난민을 만든 것입니다.

재일조선인은 느닷없이 국적을 잃고 그에 따라 다양한 권리도 잃었습니다. 일본 정부가 생활권이나 거주권 등 기본적인 인권에 관련

일본 교토 부에 있는 강제 징용 조선인촌인 우토로(うとろ) 마을. 최근 퇴거 위기를 맞아 마을 입구에 강제 퇴거에 대한 항의 표시를 하고 있다.(1994년, 사진 안해룡)

된 것까지 '일본 국적을 가진 자에 한정한다'는 제한(국적 조항)을 두었기 때문입니다.

일본 국적이 없는 재일조선인은, 예를 들면 공영 주택에 입주할 수 없기 때문에 대다수가 가난한 이들이 밀집해서 사는 지역의 움막 같은 집에 살게 되었습니다. 국민건강보험에도 가입할 수 없어서 어렸을 때, 제가 아프면 부모님은 의료비를 전액 자비로 지불했습니다. 국민연금에도 가입할 수 없었고 공무담임권도 없어졌습니다.

한참 후에 공영 주택 입주, 국민건강보험이나 국민연금 가입 등은 가능해졌지만, 그때까지 재일조선인은 큰 불이익을 강요받았다고 할 수 있습니다. 또 나중에 언급하겠지만, 공무담임권은 조금씩 인정되긴 했지만 현재도 여전히 제한이 남아 있습니다.

1959년부터 북조선의 귀국 사업이 시행되어, 1980년까지 10만 명에 가까운 사람들이 '귀국'했습니다. 일본 정부는 국교가 없는 북조선으로의 귀국 사업을 '인도적'인 입장에서 실행했다고 해왔지만 실제로는 재일조선인을 떠넘기려고 했다는 사실이 최근의 연구에서 밝혀졌습니다.

재일조선인들은 대부분 조선 반도의 남쪽 출신이었습니다. 그런데 이렇게 많은 사람이 북조선 이주를 결정한 데는 사회주의 국가에 희망을 건 사람들이 있었다는 이유 외에 많은 사람들이 일본에서는 도저히 살 수 없을 만큼 궁지에 몰렸다는 이유도 있었습니다.

Q **'조선적'인 사람은 무국적 상태이긴 하지만,
한국 국적은 취득할 수 있지요?**

그렇습니다. 하지만 그것은 많은 문제를 내포하고 있습니다. 1965년, 대한민국과 일본은 한일조약을 체결합니다. 일본이 과거에 식민지로 지배한 지역의 국가와 전후 20년 만에 처음으로 조약을 맺은 것입니다.

한국 정부는 북조선과 대립하고 있는 상태에서, 재일조선인에게 한국 국적을 취득하게 하여 한국 국민으로 만들기 위해 다양한 압력을 가했습니다. 일본 정부도 한국 정부에 협력해서 같은 재일조선

인이라도 한국 국적을 취득한 사람에 한해 비교적 안정된 거주권(협정 영주권)을 주는 협정을 체결했습니다. 조선적 그대로인 사람들은 계속 무국적 상태에 있었을 뿐 아니라, 오래 살아온 일본에서의 거주권도 불안정한 상태에 놓이게 되었습니다. 재일조선인을 '한국적'과 '조선적' 둘로 나눠, 그 사이에 부당한 차별을 둔 것입니다.

외국인 등록에서 '조선'이라는 기호를 '한국'이라는 국적으로 바꾸기 위해서는 전제 조건으로 대한민국 국민으로 등록하는 것이 요구되었습니다. 그런데 재일조선인 중에는 한국 국민이 되고 싶지 않은 사람이 많이 있었습니다. 대한민국은 조선인의 독립 운동의 정신에 입각한 국가가 아니라 자주적인 국가 건설 요구를 미국이 힘으로 억압해 만든 국가인데다, 재일조선인의 권리 문제에 대해서도 무관심했기 때문에 많은 재일조선인의 지지를 얻지 못했습니다.

그러나 무국적 상태로 사는 것은 매우 곤란한 일이어서 점점 한국 국적을 취득하는 사람이 증가해, 현재는 재일조선인의 80% 정도가 한국 국적을 갖고 있다고 생각됩니다. 나머지는 현재도 '조선'이라는 기호만 갖고 있는 사람으로 이들은 무국적 상태 그대로입니다.

현재까지 조선적이라는 무국적 상태로 있는 이유는 무엇일까요? 그 이유도 다양합니다. 언젠가 하나의 국가가 될 것이라는 바람을 계속 갖고 있는 사람도 있는가 하면, 한국 국적 취득을 위한 복잡한 수속이 불가능한 사람도 있고, 북조선과 관계가 깊은 사람도 있습니다.

주의할 점은, 외국인 등록상의 '조선'적은 북조선 국적이 아니라 조선 반도 출신임을 나타내는 기호라는 사실입니다. '한국'적, '조선'적 양쪽을 합해서 재일조선인입니다. 또 일본 국적을 가진 이들도 있습니다. 이들은 국적은 일본이라도 민족은 조선인이기 때문에, 넓은 의미에서 재일조선인의 일원이라고 할 수 있습니다.

Q 일본의 패전 전, 조선인이 징병당하게 되어 참정권을 인정받았다고 했는데, 전후에는 어떻게 되었습니까?

참정권은 없습니다. 입후보도, 투표도 할 수 없습니다. 국회의원 등을 선출하는 국정 선거는 물론 도도부현(都道府県, 도쿄 도(都), 홋카이도(道), 오사카 부(府), 교토 부(府), 43개 현(県)을 일컫는 말.─옮긴이) 의회 의원 선거나 구시정촌(区市町村, 일본 기초자치단체의 명칭. 한국의 구, 시, 읍, 면과 비슷하다.─옮긴이) 의회 의원 선거 등 어느 선거에도 참여할 수 없습니다. 일본에서 태어나고 자라, 일을 하며 세금을 납부해도 선거를 통해 정치적으로 의사를 표시할 기회는 전혀 없습니다. 물론 재일조선인 정치인은 한 명도 없습니다.

1996년 2월 5일《아사히 신문》에 이런 제목의 기사가 실렸습니다.

조선·대만인의 참정권 상실
배경에 '천황제 수호' 종전 직후의 자료 발견
'폐지를 주장할 수도 있다'

일본에 사는 식민지 출신자(조선인과 대만인)들에게 인정되었던 참정권의 경우, 패전 후인 1945년 10월 각료 회의에서는 계속해서 그 참정권(피선거권도 포함해서)을 인정한다고 결정했습니다. 하지만 2개월 후에 통과된 개정 중의원 의원 선거법에서는 '호적법의 적용을 받지 않는 자(구 식민지 출신자)의 선거권 및 피선거권은 정지한다'는 조항에 따라 조선인들의 참정권을 인정하지 않았습니다.

위의 기사는 정부 관계자들의, '참정권을 인정하면 천황제 폐지를 주장할 수도 있다'는 위기 의식이 이때의 변경에 영향을 미쳤다는 것을 뒷받침하는 자료를 미즈노 나오키(水野直樹)라는 연구자가 국회도서관에서 발견했다는 내용을 담고 있습니다.

이때 발견된 것은 당시 중의원 의원으로 '의회 제도 조사 특별위원회'의 중심이었던 고 기요세 이치로(清瀬一郎)가 의원들에게 배부했다고 여겨지는 '내지 거주 대만인 및 조선인의 선거권, 피선거권에 대해'라는 문서입니다. 그 내용을 보면 200만 명이나 되는 재일조선인들의 선거권을 그대로 인정하면 적어도 10명 정도의 당선자가 나올 것인데, 그러면 다음 선거에서 천황제 폐지를 주장할지 모르니 미리 선거권을 정지해두는 것이 좋겠다는 것입니다.

1945년 12월에 선거법이 개정되고, 그것을 바탕으로 1946년에 전후 최초의 선거가 실시되었습니다. 이 선거에서는 처음으로 여성의 참정권이 인정되었습니다. 그리고 이 선거에서 선출된 국회의원들이 현재의 헌법인 일본헌법을 승인하는 의원이 됩니다. (헌법에 대해서는 다음 장에서 이야기하겠습니다.)

현재의 일본 국가가 시작되는 시점에서 이런 일이 있었기 때문에, 재일조선인은 참정권을 잃었습니다. 그 후, 2000년 초부터 재일 외국인의 지방선거 참정권을 인정하자는 안이 논의되었지만, 현재까지 인정되지 않고 있습니다.

Q 재일조선인은 다른 재일 외국인과 법적으로 구별되어 있습니까?

일본에 사는 외국인의 재류 자격을 보면 다음의 7가지로 분류되어 있습니다.

'특별영주자', '영주자', '일본인 배우자 등', '정주자(定住者)', '연수', '특정 활동', '기타'입니다. '특별영주자' 외에는 모두 이른바 일반 외국인입니다. '영주자'는 일정 이상의 소득이 있을 것, 범죄를 저지른 적이 없을 것 등 여러 가지 장벽을 해소한 뒤 신청해서 취득합니다. '일본인 배우자'는 일본인과 결혼한 사람을 말하고, '정주자'는 '영주'보다 일본에 사는 기간이 짧은 외국인으로 그 자격을 취득할 때에 영주만큼 장벽이 높지 않습니다. '연수'는 1부에서 이야기한 '외국인 연수 제도'로 일본에 온 사람들, '특정 활동'은 달리 분류할 수 없는 예외적인 사람들입니다.

그럼 '특별영주자'란 무엇일까요. 통계로 보면 2010년 '특별영주자'는 39만 9106명으로 대부분이 '한국·조선'입니다.

'특별영주자'란 '1945년 8월 이전에 일본 국적자로서, 그 이후에도 계속 일본에 살고 있는 사람 및 그 자손'이라고 법률로 정의되어 있습니다. (1952년까지는 일본 국적이었기 때문에 정확하게는 '1945년 8월 이전'이 아니라, '1952년 샌프란시스코조약 발효 이전'으로 해야 합니다.) 거의 재일조선인을 상정한 재류 자격입니다.

그렇기 때문에 '조선'적인가, '한국'적인가와 관계없이 모두 '특별영주자'지만 저의 작은아버지처럼, 1945년 이후 한 번 조선으로 갔다가 돌아온 사람들은 불법 입국이 되어 이런 사람들은 '특별영주자'가 아닙니다.

'특별영주'라는 자격은 긴 세월 동안 투쟁한 결과 1991년에 생긴, 비교적 안정된 자격입니다. 1965년의 한일조약까지는 재일조선인을 대상으로 하는 '영주' 자격 규정 자체가 없었고, 1965년 이후에는 앞서 말한 것처럼 '협정영주'라는 자격이 생겼는데, 이것은 한국 국적을 가진 사람만을 대상으로 하는 불공평한 것이었습니다.

그런데 '특별영주'는 정말로 '영주'를 보증하는 것인가 하면, 그렇지 않습니다. 중대한 범죄를 저질렀을 경우에는 법무성이 이 자격을 취소할 수 있습니다. 중대한 범죄를 저질렀다면 당연하다고 생각할지 모르겠지만, 일본 국민 누군가가 어떤 범죄를 저질렀을 때, 일본 국적을 취소당할까요? 일본에서 형을 살아야겠지만 일본 밖으로 나가라고 하지는 않습니다.

그러나 3세대, 4세대에 걸쳐 일본에서 태어나도 무슨 일이 있으면 쫓겨날 수 있는 것이 '특별영주자'입니다.

그리고 특별영주자는 여행이나 일, 유학 등으로 외국에 가면 돌아올 때 '재입국허가'가 필요합니다. 일본 국적이 있는 경우 해외에 갔다 돌아올 때 입국을 거절당하는 일은 없지만, 특별영주자는 재입국허가 기간이 있어서 그 기간이 끝나면 돌아올 수 없게 됩니다. 그래서 해외에 갈 때마다, 다시 일본에 입국할 수 있는 기간을 확인해야 합니다. 일본에서 태어나 일본에 친구가 있고, 직업이 있고, 일본 이외에는 생활 기반이 없는데도.

'특별영주'는 다른 재일 외국인보다 비교적 안정된 지위라고는 하나, 일본 국적이 없다는 것은 그 자체로 매우 불리한 입장입니다. 애초에 일본의 식민지 지배에 의해 일본에 살게 되었다는 것을 생각하면 일본 정부가 마음대로 재일조선인의 일본 국적을 부정해서 외국인으로 만든 것은 매우 불합리한 일입니다.

그런데 2006년부터 최근 5년간의 통계(표 참조)를 보면, 재일외국인의 총수는 이 기간에 대략 5만 명 증가한 것에 비해 '한국·조선'에 해당하는 인원수는 3만 명 남짓 줄었고, 그 안에 포함되는 '특별영주자' 수는 4만 명 정도 줄었습니다. 특별영주자의 감소분을 한국에서 새로 입국하는 사람이 채우고 있기 때문에 '한국·조선'의 인원수 감소 경향이 비교적 느슨하고 현재도 60만 명에 가깝다고 할 수 있지만 전체적으로 재일조선인의 숫자는 줄고 있는 것을 알 수 있습니다.

2010년 통계에서 특별영주자의 수가 40만 명 밑으로 떨어진 사실에 저는 새삼 충격을 받았습니다. 저의 세대에서는 '60만 재일조선인'이라는 표현이 상투어처럼 정착해서 저도 그것이 입버릇처럼 되어 있었기 때문입니다. 그런데 특별영주자의 수는 저의 예상을 뛰

2006~2010년 등록 외국인 중 '한국·조선' 수의 추이

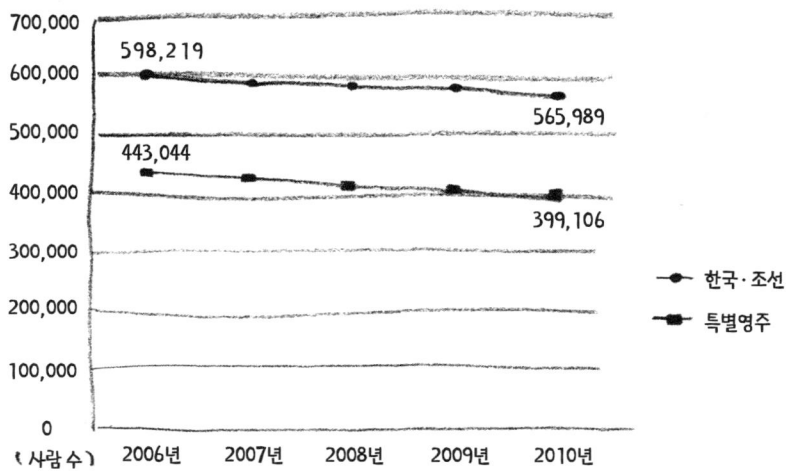

	등록 외국인 총수	한국·조선	특별영주자
2006년	2,084,919	598,219	443,044
2007년	2,152,973	593,489	430,229
2008년	2,217,426	589,239	420,305
2009년	2,186,121	578,495	409,565
2010년	2,434,151	565,989	399,106

어넘어 급속히 감소하고 있었습니다.

그 원인으로는 세대교체에 따른 자연 감소에 더해, 귀화하여 일본 국적으로 변경하는 사람이 급증하기 때문이라고 추측할 수 있습니다. 물론 국적 선택의 자유는 기본적 인권으로서 누구라도 인정되어야 하지만, 제가 문제라고 생각하는 것은 이것이 정말 '자유로운 선택'의 결과인가 하는 점입니다.

일본 국적으로 귀화하지 않으면 살기 어려운 현실이 여전히 개선되지 않는 가운데, 어쩔 수 없이 귀화하는 거라면, 그것은 결코 '자유로운 선택'이라고 할 수 없습니다. 오히려 '동화' 압력의 결과라고 해야겠지요.

저는 늘, 재일조선인은 몸으로 식민지 지배의 역사를 증언하는 '산증인'이라고 말해왔습니다. 그런 '증인'들이 적어도 표면상으로는 점점 사라져가는 추세입니다. 저는 일본이, 재일조선인이 일본 국적으로 바꾸지 않아도 차별이나 불이익을 당하지 않고 살 수 있는 사회가 되기를 바랍니다. 특별영주자의 급감이라는 현상은, 이런 저의 바람과는 반대 방향으로 현실이 진행되는 것을 나타내고 있다고 생각됩니다.

재일조선인을 소개합니다　　　　　　　　　　　01

격동의 시대를 온몸으로 부딪혀온
재일조선인 1세, 문금분(文今分) 씨

　　　　　　인간이 태어날 때 나 또한 태어났다

　　　　　　부모의 죽음에 물 한 모금 마시지 않은 나
　　　　　　고향을 생각하면
　　　　　　애달파질 뿐

　　　　　　언제나 언제나 사무치는구나

문금분 할머니의 「나」라는 시입니다.
　'인간이 태어날 때 나 또한 태어났다'는 구절은 빛을 내뿜는 듯하지 않습니까?
　저는 문금분 씨에 관한 이야기를 종추월(宗秋月) 씨가 쓴 『이카이노 타령(猪飼野タリョン)』(思想の科學社, 1986年)에 실린 「문금분 어머니의 닌고*(文今分オモニのにんご)」라는 문장에서 알았습니다. '이카이노'란 오사카 시 이쿠노 구(生野區)에 있는 지역의 통

칭으로 일본에서 재일조선인이 가장 많이 사는 거리입니다. '타령'이란 조선어로, 서민들이 고단한 인생을 노래하듯이 가락을 붙여서 읊는 것입니다. 이카이노에 사는 종추월 씨는 재일조선인 여성들의 한 많은 삶을 '타령'처럼 읊어온 시인입니다.

그런 종 씨가 어느 날, 친구의 어머니를 소개받았는데 그분이 문금분 씨입니다. 이카이노의 찻집에서 만난 1984년 당시 문 씨는 64세로 야간 중학교에 다니고 있었습니다. 문 씨는 그 전에 가난과 차별 때문에 읽기, 쓰기를 배울 수 없었던 것입니다. 이 세대의 재일조선인 1세 여성에게는 드문 일이 아닙니다. 저의 어머니도 그랬습니다.

가난하게 자란 문 씨는 찻집에서 커피를 주문해본 적이 없어 종 씨에게 줄 도시락을 싸왔습니다. 좁은 찻집이라 종 씨는 찻집 주인이나 다른 손님이 신경 쓰였지만, 문 씨는 아랑곳하지 않고 테이블에 정성껏 만든 음식을 펼쳤습니다.

문 씨는 딸 같은 나이인 종 씨에게, 야간 중학교에 가서 공부하고 글자를 배우는 것이 아주 즐겁다고 말하며, 자신이 쓴 시를 종 씨에게 보여주었습니다. 그것이 앞의 시 「나」입니다. 그 때의 일을 종 씨는 이렇게 쓰고 있습니다.

●── '닌고'는 사과를 뜻하는 일본어 '린고(りんご)'를 잘못 발음한 것이다. 한국어의 두음법칙에 익숙한 재일조선인들은 단어의 초성 ㄹ에 해당하는 발음을 ㄴ으로 발음하는 일이 많았다. 여기서 저자가 '근고(にんご)'라고 표기한 것은 문금분 씨가 재일조선인 1세임을 표현하고자 한 듯하다.─옮긴이

'나는 입에 밥을 가득 문 채, 말을 잊었다. / 그리고 뚝뚝 도시락 위로 눈물을 떨어뜨렸다. / 아아, 이 푸근함. / 나도 사람 세상에 사람으로서 태어났다고, 늙은 조선 여자가, 그 인생의 끝 무렵에 야간 중학교에서 문자를 배워서 처음으로 표현한 '나'의 고요함. 투명함.'

글자를 배우고 눈앞이 넓어졌다

문금분 씨가 조선에서 일본에 온 것은 아홉 살 때입니다. 오빠와 언니가 먼저 와 있었기 때문에 어머니와 둘이 오사카에 왔습니다. 그리고 시멘트 공장이나 과자 공장에서 아침 6시부터 저녁 6시까지 일을 했습니다.

열일곱 살에 부모들끼리 한 약속에 따라 서로 얼굴도 모른 채 조선인과 결혼하고, 아이를 낳았습니다. 열심히 일해 아들 둘, 딸 여섯을 키웠습니다. 딸들이 모두 결혼한 후 친구들에게 이끌려 처음으로 야간 중학교의 문에 들어선 것입니다.

교실 뒤에 앉아, 왜 좀 더 일찍 오지 않았는가 하는 생각에 자꾸만 눈물이 나와 창피했다고 말합니다. 3년이 지나 졸업을 맞이했을 때, 문 씨는 다른 친구들과 함께 교장실 앞에서 무릎을 꿇었다고 합니다. "어렵게 이만큼 공부시켜주셨으니, 더 시켜주십시오."라고 울며 부탁한 것입니다. 그 후 희망자는 5학년까지 다닐 수 있게 되었습니다.

"지금 나라(奈良)에 살고 있기 때문에 가스가(春日) 중학교에 다닙니다. 몇 학년이 되는지는 말하고 싶지 않습니다. 말하면

나머지가 얼마 안 남을 것 같아 두렵습니다."

나의 길

종이 한 장이 나를 바꿨다네
이쪽도 저쪽도 빛이
비춘다네 검정도 빨강도 보인다네
이렇고 저런 것이
인생이었나 생각하지
그렇지만 (그렇지만)
또다시 또다시 (아직도 아직도)
길은 멀어요

이 시에 대해 종추월 씨는 이렇게 말합니다.
 '글자를 배운 금분 어머니는 '눈앞이 갑자기 넓어졌어요'라고 말한다.' (중략) '빛이 비추어 비로소, 검정도 보입니다, 빨강도 보입니다'라고 쓰고 있다. / 그때, 웃었던 일. 울었던 일. 아아, 그런가, 인생이었나 하고 노래하고 있는 것이다. / 어찌 눈물을 흘리지 않을 수 있는가.'

지문에 대해

나는 일본인이라고 해서

조선인을 그만두라고 해서

배 타고 왔습니다

아이를 기를 때

기모노 입었습니다

집 얻기 위해

기모노 입었습니다

저고리를 옷장에

넣어두었습니다

이제, 저고리 입습니다.

외인* 등록에

지문 찍습니다

아이에게도 찍게 합니다

그래도

손주에게는 찍게 하고 싶지 않습니다

'집 얻기 위해 / 기모노 입었습니다'라는 것은 조선인임을 주변에서 알면 집을 얻을 수도 없었다는 것을 뜻합니다.

● ─── 원문에는 'かい人(카이진)'으로 되어 있는데, 이것은 외국인을 뜻하는 'がい人(가이진)'의 오류인 듯하다. 첫 음절의 유성음을 정확하게 구분하지 못하는 조선인에게서 흔히 볼 수 있는 오류이다. 그러나 카이진은 원래 일본어에서 괴인(怪人)이라는 뜻으로, 당시에 '가이진'을 '카이진'으로 발음하는 재일조선인을 '괴인'이라 야유하는 인식이 있었고, 재일조선인 스스로도 지문 날인을 해야 하는 비참한 처지를 빗대어 일부러 '카이진 등록'이라고 했다는 증언도 있다.─옮긴이

또 '외인 등록'이란 외국인 등록 증명서를 말합니다. 문 씨가 이 시를 썼을 때, 재일조선인은 외국인 등록이나 갱신 때, 반드시 지문을 찍어야 했습니다. 이는 재일조선인을 범죄자처럼 취급하는 것과 같다고 하여 반대 운동이 확대되었고 지금은 특별영주자에 대한 지문 날인 제도는 없어졌습니다. 하지만 문 씨가 바라는 바와 같이 손주가 차별받지 않고 행복하게 살 수 있게 되었을까요.

지금까지 건강하시다면 문금분 씨는 90세가 되셨을 겁니다. 재일조선인 1세 여성이 걸어온 험난한 길을 생생한 말로, 시로 쓰신 할머니가 부디 건강하시기 바랍니다.

4

일본 국적이 없는 것이
그렇게 곤란한 일입니까

?

Q 국적의 유무에 따라 그렇게 큰 차이가 있습니까?

매우 큰 차이가 있습니다. 전후에 누구를 '일본 국민'으로 했는지, 어떤 식으로 정했는지 살펴봅시다.

 일본은 연합국의 '포츠담선언'을 수락하는 형태로 무조건 항복하고, 전쟁에 패했습니다. 그런데 포츠담선언이 발포된 것은 1945년 7월 26일이고 일본이 이를 수락한 것은 3주 후인 8월 15일입니다. 그 사이 일본은 '국체 수호의 약속'을 해줄 수 있는지의 여부를 연합국 측에 타진하고 있었습니다. '국체'란 '국가의 정체성', 즉 일본에서는 '천황제'를 말합니다. 일본이 천황제를 수호하는 것에 집착해 포츠담선언의 수락이 늦어진 것입니다. 그러는 동안 히로시마, 나가사키에 원자폭탄이 투하되고, 소련군이 중국 동북 지방에 침공하여 더욱 많은 희생을 치르게 되자, 결국 무조건 항복할 수밖에 없게 되어 포츠담선언을 수락한 것입니다.

일본의 국가권력이 미치는 범위를 혼슈(本州), 홋카이도, 규슈, 시코쿠(四國) 및 연합국이 결정하는 제(諸) 소도(小島)로 한다.
일본의 전쟁 범죄인은 처벌한다.
전후의 일본은 민주주의 국가가 되어야 한다.

이것이 포츠담선언의 주요 내용입니다. 일본이 식민지와 그 인민을 해방하고, 천황제를 부정하여 민주주의 국가가 되겠다는 약속을 했고 이로써 전쟁이 끝난 것을 의미합니다.

그러나 일본은 천황제를 계속 유지하려고 했습니다. 새 헌법을 만들기 위해 설치된 헌법조사국이 세운 4원칙의 제1항에는 '천황이 통치권을 총괄한다는 메이지 헌법의 기본 원칙은 변경하지 않는다.'고 명시되어 있었습니다.

그 때문에 연합국은 민주주의 국가다운 헌법이 만들어질 성싶지 않다고 판단해, 영문 헌법안을 냈습니다. 연합국의 점령군 사령관의 이름을 따서 '맥아더 초안'이라 불리는 법안으로 1946년 2월에 일본 측에 제시되었습니다. 현재의 일본 헌법은 이것을 원안으로 하여 일본어로 고친 것입니다. 일본 헌법은 미국에 의해 강요된 것이라는 견해가 있는 것은 이 때문입니다.

이렇게 해서 만들어진 헌법의 제10조와 11조를 봅시다.

제10조 일본 국민의 요건은 법률로 정한다.

제11조 국민은 모든 기본적 인권의 향유를 방해받지 않는다.

제10조는 '누가 일본 국민인가는 별도의 법률로 후일 다시 정한다'는 것으로 여기서 별도의 법률이란 국적법이 됩니다. 제11조는 '이 헌법이 국민에게 보장하는 기본적 인권은 침범할 수 없는 영구한 권리로써 현재 및 장래의 국민에게 부여된다'는 의미입니다.

그런데 이렇게 함께 읽으면, 제10조의 '일본 국민'은 제11조의 '국민'과 같은 대상을 가리킨다고 생각되지요? 두 개를 합하면 '법률로 인정되는 일본 국민은 기본적 인권을 보호받는다'는 의미로 읽을 수 있습니다.

그런데 원래의 영문에서 10조는 이렇게 되어 있습니다.

> The conditions necessary for being a <u>Japanese national</u> shall be determined by law. (밑줄 인용자)

'일본 국민'으로 번역된 부분은 'a Japanese national'입니다. 11조의 원문은 이렇습니다.

> <u>The people</u> shall not be prevented from enjoying any of the fundamental human rights. (밑줄 인용자)

'국민'으로 번역된 부분의 원문은 'the people'입니다.

명사 'national'의 의미는 '국적 보유자'이고 'people'은 '사람들'이기 때문에 원문의 의미는 아래와 같이 됩니다.

제10조 누가 국민인지는 법률로 정해진다.
제11조 사람들의 기본적 인권은 보호된다.

그런데 'a Japanese national'도 'people'도 모두 '국민'으로 번역되었기 때문에, 일본어 헌법에서 국민은 국적 보유자를 가리키는 것으로, 국민에게는 인권이 있다는 의미가 되어버렸습니다. 국민에게 인권이 있다는 것은 뒤집어 말하면 국민이 아니면 인권이 없다는 것이 됩니다. 인권이 누구에게는 있고 누구에게는 없다고 정할 수 있는 것입니까?

헌법학자인 고세키 쇼이치(小関彰一) 씨는 『일본국 헌법의 탄생(日本国憲法の誕生)』이라는 책에서 다음과 같이 말하고 있습니다.

11조는 일본 국민이 아닌 외국인은 기본적 인권을 침해당할 수 있다고 해석할 수 있다. 국민연금법이 피보험자 자격을 일본 내에 주소를 가진 20세 이상 60세 미만의 일본 국민이라고 정하고 있기 때문에, 일본에 오랜 기간 거주하고, 11년에 걸쳐 보험료를 납부한 재일 한국인이 일본 국민이 아니라는 이유로 연금 지급을 제지당한 예가 있을 만큼, 이 국민 규정은 중대한 의미를 갖고 있다.

Q 국적은 어떻게 정해졌나요?

그럼 국적법에 대해 자세히 봅시다.

불평등한 다민족 국가였던 일본은 패전 후 새로운 국가를 만들 때, 이번에는 단일민족 국가로 방향을 바꾸고, 과거에는 같은 국민이었던 다른 민족을 잘라내기로 합니다. 단일민족 국가란, 단 하나의 민족만으로 구성된 국가라는 의미지만, 그런 국가는 상상 속에만 존재할 뿐, 실제로는 존재하지 않습니다.

일본 국민의 단일민족 국가관은 헌법과 함께 국적법에 의해 유지되고 있습니다. 이 법은 일본 헌법이 시행된 지 3년 후인, 1950년에 시행되었습니다.

> **제2조** 자(子)는 다음의 경우에는 일본 국민으로 한다.
> ① 출생 시에 부(父) 또는 모(母)가 일본 국민일 때.

부 또는 모, 즉 부모가 일본 국민이라면 그 자녀도 일본 국민으로 한다고 명기되어 있습니다. 부모가 일본인이라면 자녀도 일본인이라는 사고를 혈통주의라고 합니다. 깊이 파고들면 하나의 국민은 하나의 혈통이라는 사고입니다.

사실 1985년에 개정될 때까지는 '부(父)가 일본 국민일 때'로 되어 있었습니다. 아버지가 일본 국민이면 자녀는 일본 국민이지만, 어머니만 일본 국민이면 자녀는 일본 국민이 아니었습니다. '일본인이라는 피'가 남자에서 남자로 이어진다는 사고방식을 부계혈통주의라고 합니다. 이것은 여성 차별이라고 하여 유엔의 여성차별철폐조약이 일본에서 발효된 1985년, '부(父) 또는 모(母)가 일본 국민일 때'로 개정되었습니다. 이것을 부모양계혈통주의라고 합니다.

국적을 정하는 방법으로 혈통주의 외에 출생지주의가 있습니다. 그 나라에서 태어난 사람이 그 나라의 국민이라는 사고방식으로 미국이나 캐나다, 호주 등은 출생지주의입니다. 이렇게 국적을 정하는 방식에는 크게 두 가지가 있고, 세계의 나라들은 이 두 가지 사고방식을 섞어서 국적을 정하는 약속을 만듭니다.

만일 패전 후, 재출발한 일본이 국적법을 출생지주의로 정했다면 2세 이하 세대의 재일조선인은 자동적으로 일본 국적 보유자가 되었을 겁니다.

국적을 정하는 방식에 따라 국가란 무엇인가에 대한 생각도 크게 둘로 나뉩니다. 조금 어려운 말인데, 혈연 공동체와 계약 공동체가 그것입니다.

혈통주의적 국적법에서 국가는 피를 나눈 가족이 계속 확대된 것으로 생각합니다. 이것을 혈연 공동체적 국가관이라고 합니다. 일본은 패전 이전에도, 이후에도 혈통주의를 유지했는데, 패전까지는 야마토 민족만이 혈통적으로 우수하다는 입장에서 식민지 사람들과 구별하고 전후에는 야마토 민족만을 국민으로 했습니다.

한편, 출생지주의 국가에서는 국가란 일정한 규칙(계약)을 정해 동거하는 장(場)으로 생각합니다. 아파트와 비슷하지요. 규칙(계약)을 지키면 거기에 살 수 있습니다. 이것을 계약 공동체적 국가관이라고 합니다.

Q 국적을 정하는 방식에 따라 누가 국민인가가 정해지고, 국가의 정체성도 바뀌는군요.

'당신은 어느 나라 사람입니까?'라는 질문에 '일본인입니다'라고 대답할 때, '민족'과 '국민'의 의미를 구별해서 생각하지 않는 것이 일본인들의 큰 특징입니다.

지금 일본에 살고 있으면 일본 국민=일본인(일본 민족)인 것이 당연한 것 같지만, 세계적으로 그것은 당연한 것이 아닙니다.

일본계 미국인(재퍼니즈 아메리칸)의 경우를 생각해봅시다. '일본계'란 민족은 일본인이지만, 국적은 미국인 사람들을 가리킵니다.

미국에는 조선계 미국인(코리안 아메리칸), 중국계 미국인(차이니즈 아메리칸), 아프리카계 미국인(아프리칸 아메리칸), 유대계 미국인(주이시 아메리칸) 그 밖에 다양한 미국인이 있습니다. 민족과 국민은 별개인 것입니다.

그런데 일본에서는 민족으로서의 '일본인'과 국민으로서의 '일본인'이 거의 구별되지 않는, 중첩되는 의미로 받아들여집니다. 그야말로 단일민족 국가관입니다.

이러한 사고방식을 가장 극단적으로 추진한 것이 나치 독일이었습니다. 나치는 게르만 민족이 아니면 독일 국민이 아니라고 하여, 독일에서 오래 살며, 세금을 내고, 사회의 일원으로 활동하던 유대인들을 쫓아내고 독일 국적을 박탈하고 마침내는 학살했습니다.

다른 각도에서 생각해봅시다.

'고국', '조국', '모국'이라는 말은 각각 어떤 의미라고 생각합니까? 일본에서는 대체로 같은 의미로 사용되지만 아래와 같이 다른 의미를 갖고 있습니다.

    고국＝태어난 장소
    조국＝선조의 출생지
    모국＝국적이 있는 나라

저의 경우로 보면, 이렇게 됩니다.

    고국＝일본
    조국＝조선(식민지가 되기 이전의 조선)
    모국＝한국

일본계 미국인 3세라면, '고국'＝미국, '조국'＝일본, '모국'＝미국입니다. 세계인 중에는 '고국', '조국', '모국'이 각각 다른 사람이 많습니다.

그렇지만 많은 일본인의 경우, 모두 '일본'이지요. 그래서 각기 구별해서 생각하지 않는 것인데, 실은 우연히 같을 뿐입니다.

Q 민족이 달라도 국적이 있을 경우 국민으로서 권리가 보장된다면, 재일조선인도 일본 국적을 취득하면 되지 않나요?

일본의 외국인에 대한 문호 개방 방식을 도표로 만들어보았습니다. 가장 안쪽에 '국민'이 있고, 그 바깥쪽에 '정주 외국인(특별영주권자도 포함)', 그 바깥쪽에 유학, 관광, 상업 등으로 방문하는 '단기 방문자'가 있습니다. 각각에 문이 있고 이 문을 여닫는 것은 법무성입니다.

'단기 방문자'의 경우는 문을 여는 데 '비자(사증)'가 필요합니다. 한국이나 미국 등 일본 정부에서 보아 경제적으로 풍요롭고, 정부 간의 관계도 양호하여 한 명 한 명 조사하지 않아도 되는 나라의 사람이 단기 체재할 경우에는 비자를 상호 면제하고 있기 때문에, 문을 여는 것은 간단합니다. 그러나 일본 정부에서 보아 가난하고 경계심을 갖게 하는 나라의 사람들이 문을 열기 위해서는 비자가 필요하고 심사도 엄격합니다. 급속히 경제 성장을 이룬 중국인에 대해서 오늘날은 비교적 간단하게 비자가 발행되지만 이전에는 개인 여행에는 비자가 발행되지 않는 등 엄격한 조건이 붙었습니다.

일본에 '정주'하려는 사람은 소득을 증명하거나, 범죄를 저지르지 않았음을 증명하거나 몇 년 이상 살아야 하는 등의 조건을 충족

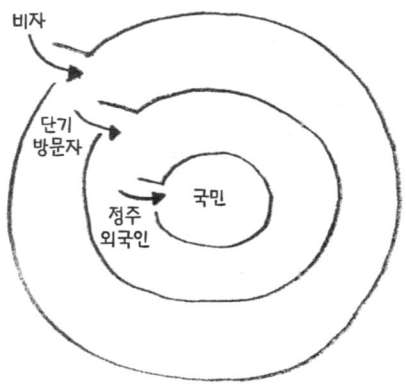

'단기 방문자', '정주 외국인', '국민' 각각으로 들어가는 문은 법무성이 열고 닫는다. 가장 안쪽에 있는 '국민'으로 들어가는 문을 여닫는 것 역시 법무대신의 '자유재량'으로 정해진다.

해야 합니다.

그리고 마지막이 '귀화'라는 문입니다. 재일조선인을 포함한 외국인이 가장 안쪽의 국민 속으로 들어가는 것, 즉 일본 국적을 취득하는 것을 '귀화'라고 합니다. '국민' 속으로 들어가는 문을 열려면 어려운 조건을 충족시키고, 많은 서류를 준비해야 합니다. 그리고 문을 여닫는 것은 들어가려는 사람이 아니라 법무대신(법무부 장관—옮긴이)입니다.

국적법에는 다음과 같이 적혀 있습니다.

제4조

① 일본 국민이 아닌 자(이하 '외국인'이라 한다.)는 귀화에 의해 일본 국적을 취득할 수 있다.

② 귀화하기 위해서는 법무대신의 허가를 받아야 한다.

제5조

① 법무대신은 다음의 조건을 갖춘 외국인이 아니면 그 귀화를 허락할 수 없다.

법무대신이 허가하지 않으면 귀화할 수 없습니다. 그리고 법무대신은 '이러한 조건을 갖춘 사람은 허가해야 한다'가 아니라 '이러한 조건을 갖추지 않은 사람은 허가할 수 없다'고 적혀 있습니다. 즉 조건을 갖추지 않은 사람을 허가해서는 안 될 뿐만 아니라, 조건을 갖추고 있어도 허가하지 않아도 된다는 의미입니다. 이것을 '자유재량권'이라 부릅니다.

여러 조건을 충족시키고 귀화를 신청해도 법무대신은 불허할 수 있고, 왜인지 그 이유를 설명할 의무도 없는 것입니다. 법무대신은 곧 일본 정부입니다. 그리고 일본 정부의 정책을 결정하는 것은 일본 국민이지요. 이미 '국민' 속에 있는 사람의 자유재량으로 당신은 들어와, 당신은 안 돼 하고 정하는 것입니다.

여기서 '귀화'라는 말에 대해 설명하겠습니다.

국적법에도 '귀화'라는 말이 사용되지만, 이 단어는 원래 오래된 중국말입니다. '화(化)'란 고대 중국어로 고도의 문명을 가리키는 것으로, 예를 들면 '왕화(王化)에 욕(浴)한다'는 말은 '미개인'이 중국의 높은 문명의 은혜를 입는 것을 의미합니다. '귀(歸)'는 복종을 뜻합니다. 그래서 '귀화'란 중국의 높은 문명에 주변의 미개인이 복종하는 것을 뜻하는 말입니다.* 따라서 '귀화하라'는 것은 너는 미개인이니 우리의 높은 문화에 복종하라는 의미가 됩니다. 일본은 이런 말을 지금도 법률 용어로 사용하고 있는 것입니다.

참고로 귀화를 영어로는 'naturalization'이라고 하는데, 이 말은 식물을 다른 장소로 옮겨 심어서 뿌리내리게 하는 것을 가리킬 뿐, 복종의 의미는 없습니다. 일본어로도 '국적 취득'이라고 바꿔 말하면 복종의 의미는 없어집니다.

그런데 이 '귀화'를 법무대신에게 인정받기 위해 필요한 조건으로, 국적법에서 다음의 6가지를 정하고 있습니다.

제5조

① 5년 이상 계속해서 일본에 주소를 갖고 있을 것.

② 20세 이상으로 본국 법에 의해 능력이 있을 것.(책임 능력이 있을 것.)

③ 소행이 선량할 것.

④ 자신 또는 생계를 함께하는 배우자 그 밖에 친족의 자산 또는 기능에 의해 생계를 영위할 수 있을 것.

⑤ 국적이 없거나 일본 국적 취득에 따라 그 국적을 상실할 것.

⑥ 일본 헌법 시행일 이후에, 일본 헌법 또는 그 아래에 성립한 정부

● —— 귀화(歸化)는 중국의 고전 『논형(論衡)』에 나오는 '귀화모의(歸化慕義)'에서 유래하는 말로, 이는 '군왕(君王)의 덕화(德化)에 귀복(歸服)'한다는 의미이다. '귀(歸)'는 원래 중국에서도 복종하다, 따르다의 의미를 가진 한자로, 한국에서 많이 쓰이던 '귀순(歸順)' 역시, 어원을 거슬러 올라가면 그러한 의미를 담고 있다.—옮긴이

를 폭력으로 파괴할 것을 기도, 혹은 주장하거나, 또는 이것을 기도하고, 혹은 주장하는 정당, 그 밖의 단체를 결성하거나 혹은 가입한 적이 없을 것.

각각의 의미를 간단히 살펴보면,

① 일본에서 5년 이상 살지 않으면 신청할 수 없습니다.

② 미성년자는 안 되고 금치산자도 안 되고 지적 장애인도 안 됩니다.

③ 소행이 양호하다는 것은 대단히 애매한 조건입니다. 이것은 자유재량권의 폭이 커서, 꼭 일본 국적을 취득하고 싶은 사람 중에는 작은 교통 법규 위반조차 하지 않아야 한다고 생각한다든지, 혹은 과거에 교통 법규 위반을 한 전력이 있으면, 그것 때문에 거절당할지 모른다고 걱정하는 사람도 있습니다. 실제로, 법무대신은 그것을 구실로('자유재량'이기 때문에 '구실'조차도 필요 없지만) 거부할 수도 있습니다. 이 조건이 귀화를 희망하는 사람에게는 과잉으로 좋은 사람이어야 한다는 압력으로 가해집니다.

④ 스스로 생활할 수 있어서, 일본 정부에 민폐를 끼치지 말아야 하고, 생활보호를 받거나 실업자여서는 안 됩니다.

⑤ 이중 국적을 금지합니다.

⑥ 간단히 말하면 일본 정부 파괴를 기도하는 단체와 관계가 없을 것, 파괴활동금지법(국적법과 같이 1950년에, 일본공산당이나 조선인연맹 등, 일본 정부에 저항을 시도하려는 사람들을 탄압할 목적으로 만들어졌습니다.) 적용 단체의 구성원이었던 적이 없고, 그 주장에 동조한 적도 없어야

한다는 의미입니다. 즉 사상, 정치 활동에 대한 조사입니다.

이렇게 외국인이 귀화를 신청하기 위해서는, 이미 일본 국민인 사람에게는 요구되지 않는 높은 조건을 충족할 것이 요구됩니다. 과거에는 일본 국민이었던 구 식민지 출신자인 재일조선인, 대만인에게도 이런 것들이 요구됩니다.

1950년에 국적법이 이렇게 정해지자, 생활보호나 일용직 노동으로 생활하던 가난한 재일조선인은 쫓겨나는 것은 아닌가 하는 공포를 느꼈습니다. 또 일본 정부에 반대하거나 반전 활동을 해서는 안 된다고도 생각했습니다.

국적법이 시행된 것은 동서 대립이 심해지고, 조선전쟁이 한창이던 때입니다. 그렇게 생각하면 이들 조건은 국적 취득을 위한 중립적인 규정인 것 같아도, 실은 매우 정치적인 상황에서 만들어진 것이라고 할 수 있습니다.

게다가 앞서 말한 것처럼, 이 6가지 항목을 충족한다 해도 반드시 귀화할 수 있는 것이 아니고, 법무대신의 자유재량권은 늘 확보되어 있습니다.

실제로 신청하려면, 대단히 복잡한 대량의 문서가 요구됩니다. 주변 사람들이 써주는, 이 사람은 좋은 사람으로 주변에 폐를 끼치지 않는다는 신원 보증서나 예금 잔액 증명서, 직장의 재직 증명서, 범죄 이력이 없다는 증명서 등이 그것입니다. 그런 서류들을 갖춰서 제출하면, 경우에 따라서는 법무성이나 경찰에서 집이나 직장으로 조사하러 옵니다. 집 안에 들어와 어떤 책을 읽는지 보는 경우도 있었습니다.

신청한 후, 1~2년 후에 전화가 걸려와 "인정되었습니다. 축하합니다." 또는 "유감입니다. 이번에는 안 됐습니다."라고 말합니다. 안 됐다는 경우 "왜요?"라고 물어도 "그것은 설명할 수 없습니다."라며 끊습니다.

꼭 귀화하고 싶은 사람에게는 대단히 높은 관문입니다. 그리고 꼭 귀화하고 싶다는 것은 일본 국적이 없으면 매우 불편한 현실이 있기 때문입니다.

일본 국적을 취득한 재일조선인은 수십 만 명에 이른다고 생각되는데, 그 사람들 중에 원래의 본명으로 살고 있는 사람은 극히 적습니다. 귀화 신청 서류에 '귀화 후의 성명'이라는, 이름을 무엇으로 할 것인지를 적는 칸이 있는데 예전에는 가급적 일본인 같은 이름으로 하라는 공무원의 지도도 받았습니다. 예전만큼은 아니라고 해도 아직까지 그런 경향이 있습니다. 가령 소프트뱅크의 손마사요시(孫正義) 씨는 일본 국적을 취득했는데, 원래의 성을 일본인다운 성으로 바꾸라는 강한 압력을 받고 대단히 고생했던 일을 이야기한 적이 있습니다. 자기주장, 자기 이름을 관철시키면 된다고 생각할 수도 있겠지만, 그것이 가능한 것은 손 씨처럼 능력도 있고, 돈도 있고, 사회적 실력도 있는 사람이고, 다른 보통 사람들은 그런 지위도, 돈도, 지식도 없습니다. 무엇보다 법무대신에게 자유재량권이 있기 때문에 이름에 집착하면 거부당할지 모른다는 불안이 항상 있습니다.

현재의 귀화 제도는 일본 국적을 취득하려는 사람을 가능한 일본인처럼 되도록 몰아가는 제도, 일본을 일본인 같은 사람만으로 형성된 단일민족 사회로 유지하기 위한 제도라고 할 수 있습니다. 과거 차별적인 다민족 국가였던 일본이 차별조이지 않은 다민족 국가를 지향하는 것이 아니라 단일민족 국가로 운영하려고 하기 때문에, 과거에 자기들이 끌어들였던 타 민족 사람들을 쫓아내거나, 그러지 않으면 그들의 민족적인 역사, 문화, 특징을 하나하나 지우고, 부정하는 것입니다.

Q 국적이 그런 식으로 국가의 의사와 관계되어 있다고는 생각하지 못했습니다.

일반적인 일본인들은 국적, 호적을 고마운 것처럼 생각합니다. 그래서 '국적을 준다'든지 '호적에 넣어준다'고 말하지요. 근대 국가에서 살아가기 위해서는 크든 작든 국적의 도움을 받지만, 원래 국적은 국가가 자기의 요구를 관철하기 위해 사람들을 장악하는 수단이기 때문에 근대 국가 이전에는 그런 것이 없었습니다.

슈테판 츠바이크(Stefan Zweig, 1881~1942)라는 오스트리아의 작가는 『어제의 세계』라는 저서에서 이렇게 쓰고 있습니다.

> 1914년(1차 대전 개전의 해) 이전에는 대지는 모든 인간의 것이었다. 사람들은 자기가 원하는 곳이면 어디든지 갔고, 원하는 만큼 머무

를 수 있었다. 허가도 없었고 비자 같은 것도 없었다. 젊은 사람들에게, 내가 1914년 이전에 인도와 미국을 여행했을 때는 여권이 없었고, 또 그런 것은 도대체 본 적도 없었다고 들려줄 때면, 그들이 신기하다는 듯 놀라는 것을 나는 언제나 재미있어했다. (중략) 대전 후에야 비로소 국가주의에 의한 세계 혼란이 시작되었다. 그리고 우리 세계의 이 정신적 유행병이 가져온 첫 번째로 눈에 보이는 현상은 외국인 혐오였다.

여기서 이야기하는 것처럼 유럽에서는 제1차 세계대전이 일어나기 전까지 여권이 없었습니다. 그런 개념이 없었던 것입니다. 어딘가에 가는 데 국가의 허가 등은 필요 없었으며, 어디든 가도 좋은 상태였습니다. 그러나 그 후 점점 많은 신청서를 써야 했는데 그런 움직임은 20세기 들어서 수많은 전쟁을 겪고, 근대 국민국가가 태어난 역사와 궤를 같이 합니다.

근대 이후 한 명, 한 명의 인간은 어딘가의 국민이 아니면 대단히 불편하게 되었습니다. 그 때문에 사람들이 국가에 의지하는 것입니다.

그러나 국민이라는 것은, 그 자체로 안정된 상태임과 동시에, 그만큼 국가에 구속되어 있는 상태이기도 합니다. '연금을 받을 수 있다'는 말에서 알 수 있듯 구속되지 않으려면 불안한 상태가 됩니다. 또 국민은 마음대로 그만둘 수 있는 것도 아닙니다. 다만, 국가는 원래 사람들을 운명적으로 구속하는 조직이 아니라, 사람들이 스스로를 위해 바꾸어갈 수 있는 자주적인 조직이라고 발상을 전환해서, 국가

본연의 모습을 바꿀 수 있어야 할 것입니다.

그러나 국가를 주도하는 측에서는 순종적으로 따라오는 국민이 통치하기 쉽기 때문에, 언제나 국가와의 일체감을 강조하는 메시지를 국민에게 보냅니다. 그 영향을 받아 국가주의적인 사고방식에 빠지기 쉽지만, 어떤 계기로 국가주의에서 눈을 뜨는 사람도 있습니다.

이번에는 에른스트 톨러(Ernst Toller, 1393~1939)의 예를 들어보겠습니다. 톨러는 나치에 탄압을 받고 망명 중에 미국에서 자살한 극작가입니다.

과거 독일과 프랑스는 오랫동안 전쟁을 했습니다. 그런 적대 관계가 형성되어 있던 중, 1차대전에 동원된 톨러는 독일 국민의 한 사람으로서 '프랑스 국민을 마지막 한 사람까지 죽인다'는 열의를 갖고 전장에 갔다고 합니다. 그런데 벨기에 전선에서 전사한 전우를 묻으려고 구덩이를 파고 있을 때, 곡괭이 끝에 사람의 시체가 걸리는 느낌을 받았고, 그때 퍼뜩 알게 됩니다. '이것은 독일인도, 프랑스인도 아니다. 인간의 시체다.' 지금까지 독일인과 프랑스인이 싸웠다고 믿었는데 그것은 거짓말이다. 인간인 우리들끼리 싸운 것이다. 그런 생각을 한 톨러는 곡괭이를 내던지고 탈주해서 독일로 돌아와 혁명 운동에 몸을 던졌습니다.

예컨대 조선과 일본이 서로 적이라고 생각할 때도, 저와 여러분이 아는 사이라면, 여러분이 난민이 되었을 때 제가 '드세요' 하며 밥을 내밀지 모릅니다. 그 반대일 수도 있습니다. 국가끼리 싸우고 있을 때에도, 우리는 서로 도울 수 있는 것입니다. 우리는 국가에 의해 만들어진 적대 관계와는 별개의 관계를 만들 수 있습니다. 이런 우리 자신의 기준이 없으면, 우리와 국가 사이에 차이가 없어지고, 한 사람 한 사람의 인간이 국가의 대리인, 대변자가 되어버립니다.

재일조선인을 소개합니다   02

짧은 시에 회한과 슬픔을 담아 노래해온
재일조선인 2세, 이정자(李正子) 씨

이정자 씨는 1947년, 미에 현(三重県) 우에노 시(上野市)에서 태어난 시인입니다. 그녀의 작품은 이 책에서도 소개했습니다.

그녀는 앞서 소개한 문금분 씨의 딸에 해당되는 세대로 저와도 대체로 같은 세대입니다. 가끔 서로의 저서를 교환하기도 하는 사이지만, 아직 직접 만난 적은 없습니다. 저는 이정자 씨의 단카 애독자인데, 그녀의 단카에 우리들 재일조선인 2세의 심정이 매우 간명하게 표현되어 있어 공감하는 부분이 많기 때문입니다.

눈물 흘리며 문맹인 어머니를 책망했었네. 어린 날 수업 참관일의 나

저도 초등학교 시절, 어머니가 수업 참관을 올까 봐 흠칫흠칫하곤 했습니다. 저의 어머니도 문금분 씨와 같은 세대로, 글자를 몰랐고, 일본인 어머니들과는 분위기가 전혀 달랐는데 그

런 어머니가 교실에 오면 제가 조선인이라는 것이 들통 날까 봐 떨었던 것입니다. 이정자 씨도 참관일에 글자를 모르는 어머니가 부끄러워 어머니를 책망했습니다. 그랬던 일을 어른이 되어 뼈에 사무치게 후회하고, 또한 그만큼 괴로웠던 차별을 기억하는 내용입니다.

반도 저 멀리 넘어온 자의 숨결을 느끼노라. 아버지의 등 만질 때마다.

아버지의 등을 만질 때마다, 멀리 조선 반도에서 온 사람들의 호흡 같은 것을 느낀다는 내용입니다.

이정자 씨의 아버지는 1929년에 일본에 왔습니다. 시모노세키나 모지(門司, 후쿠오카 현 규슈 시―옮긴이) 주변에서 일하며, 함바(飯場, 작업 현장의 노동자 숙사)를 전전하면서, 임금 인상 투쟁에 가담하여 연설도 하는 사람이었다고 합니다. 이정자 씨가 태어나기 전부터 우에노 시에서 노동자 100명 남짓을 이끄는 반장이 되었지만, 일본의 패전으로 빈털털이가 되어 제면(製綿) 공장을 시작했는데, 그것도 이정자 씨가 여섯 살 때 도산했다고 합니다. "아버지는 술을 마시게 되었다. 지금도 나를 무릎에 앉히고 아버지가 거나하게 취해 부르던 '타향살이'의 나즈막하고 어두운 목소리를 기억한다."(「물에 흘려 보낼 수 없다(水に流せぬ)」) '타향살이'는 조선의 가요 제목으로 '타향 생활'이라는 의미입니다. 다른 사람들처럼 이정자 씨도 사춘기가 되자 남성에게 연

심을 품습니다. 그녀가 성장한 곳은 재일조선인이 적은 소도시이기 때문에, 상대가 일본인 남성인 것도 자연스러운 일입니다. 고등학교 때에는 야구부의 에이스가 러브레터를 보내오기도 하고, 집까지 찾아오기도 했습니다. 그러나 그녀가 학교에서 돌아올 무렵이면 아버지가 언제나 버스정류장에서 장승처럼 버티고 기다리면서 '일본 남자는 죽어도 안 된다'고 했습니다.

'일본 남자는 사랑하지 마'라며, 아버지 손에 몇 번이고 맞았다 언니도 나도.

일본인을 좋아했기 때문에, 자신도, 언니도 몇 번이나 아버지에게 맞았다는 내용입니다. 단지 아버지가 일본을 싫어하는 난폭한 사람이어서 그랬을까요? 얻어맞은 이정자 씨는 어떻게 생각했을까요? 여러분도 생각해보았으면 합니다.

젊은 날에는 함바의 인부였던 울 아버지도, 병이 깃드니 품 안에 들 정도로 작아졌구나.

천하장사 같았던 아버지도 늙고 병들었습니다. 아버지를 품에 안은 이정자 씨는 그 자그마함에 가슴이 메었습니다.

일본 남자는 모두 비겁자, 겁쟁이인 것을, 일본 남자만 사랑하고서 알았네.

일본인과 사랑했지만, 막상 결혼하려고 하면 남자들은 꽁무니를 빼며 도망갔습니다. 다들 이정자 씨가 재일조선인이라는 사실을 마주할 용기가 없었던 것입니다. 아버지는 그것을 예감하고 그토록 반대했던 것인지도 모릅니다.

"아버지가 금하는 사랑을 한 것은 갓 스무 살이 되던 해 가을. 그 사람에게는 처음부터 한국인이라고 밝혔다. 밝혔으니 됐다. 이해해줄지도 모른다. 그래도 2년 후에 그는 다른 사람과 약혼했다. 그로부터 몇 번의 사랑을 보냈다. 그리고 나도 결혼했다. 아버지가 하루 만에 정했는데, 일본인에게 둘러싸여 생활하는 환경에서는 그 방법밖에는 없었다. (중략) 부모의 의사로 맞선 보는 날 결정했다. 그 때문이라고는 생각하지 않지만 이 결혼은 24년째에 내가 마침표를 찍었다. 슬픔은 없었고, 눈물도 없었다. 벚꽃 잎이 지고 있었다."(「알아주면 좋겠어(わかってほしいの)」)

이 촌자(이정자의 일본식 발음—옮긴이) 아니면 이정자, 혹은 카야마, 어떤 게 이름인지 아들이 묻네.

성장기에 있던 이정자 씨의 아들이, 몇 개나 되는 이름 중 어느 것이 진짜 이름이냐고 물었다는 내용입니다. 다른 말로 하면 아들이 '나는 누구인가'라는 물음(아이덴티티)과 마주한 순간입니다. 그것은 부모에게도 날카로운 물음이 되어 아프게 꽂힙니다.

> 자식을 낳았네. 조국을 알지 못하는 자식을 낳았네.
> 어미는 맘속으로 하늘에 죄를 묻노라.

이정자 씨는 1984년 간행된 『봉선화의 노래(鳳仙花のうた)』 이래, 총 7권의 단카집을 출간했습니다. 저는 그 책들을 동세대 재일조선인 여성으로부터 힘들고 어려운 삶의 소식을 듣는 것처럼, 숨죽이고 읽어왔습니다. 그리고 2010년에 간행된 『사과, 린고 그리고(沙果、林檎そして)』의 맺는 글에서 다침내 이런 서술을 보고 말았습니다.

"어머니를 잃은 가을에 아들도 갔다. 서른일곱 살의 갑작스러운 죽음을 아직도 받아들일 수 없다."

단카를 통해 알고 있던 이정자 씨의 아들이 죽은 것입니다.

> 열여섯짜리 아들, 아직 세상을 모르는 아들, 무슨 의미가 있는가 지문 날인.

아들이 열여섯 살이 되어 외국인 등록을 위해 지문을 채취 당했을 때의 단카입니다. 이정자 씨는 통한의 마음으로 그날을 떠올립니다.

"지문 날인을 위해 관공서에 따라갔던 날이다. 당시 전국을 떠들썩하게 했던 지문 날인 거부 운동에 나는 혼자서 거부했다. 자기도 거부하겠다던 아들. 고등학생에게 그런 위험한 일은 시킬 수 없어, 미래를 생각해 날인하게 했다. 고개를 떨구고

잠자코 왼손 검지를 내밀던 옆모습을 잊을 수 없다."
　회한과 슬픔이 밀려듭니다. 식민지 지배, 민족 차별, 여성 차별에 의한 슬픔이.

　　　귀를 적시는 말이 있었네. 귓전에 반짝이는 눈물이 있었네. 살아가고 있는 한.

5

재일조선인의 삶은
일본인과 어떻게 다릅니까

?

Q 재일조선인이 법적으로 차별받는 것은 알겠습니다만,
일상생활에도 일본인과 다른 부분이 있습니까?

재일조선인은 '외국인' 취급을 받기 때문에, 임대 주택 입주를 거부당하거나 신용카드를 만들 수 없는 등, 다양한 차별이 있습니다. 또 열여섯 살이 되면 외국인 등록을 해야 합니다. 1993년까지는 양손의 지문을 날인해야 했습니다. 이 지문 날인에 대해 외국인을 범죄자 취급하는 것이라고 하여 1980년대부터 반대 운동이 활발하게 일었고, 또 한국 정부도 문제점을 지적해서, 1991년에 한일 양 정부의 각서 교환으로 '특별영주권자'의 지문 날인 폐지가 결정되었고, 1993년에 폐지되었습니다.

외국인 등록증은 항상 소지해야 합니다. 외출 시에 경찰관 등이

제시를 요구했을 때 갖고 있지 않으면 연행됩니다. 제가 아는 어느 외국인은 밤늦게 근처 편의점에 물건을 사러 가다가 경찰관에게 외국인 등록증 제시를 요구받았습니다. 그러나 그때 등록증을 집에 두고 나온 상태였습니다. 잠깐 집 근처에 물건을 사러 나온 것이니 그럴 수 있지요. 그러나 그 사정을 설명해도 믿어주지 않아 경찰서에서 몇 시간이나 조사를 받았다고 합니다. 이런 일이 언제든지 일어날 수 있는 것입니다.

또한 2009년 7월에 법률이 개정되어, 새로운 재일 외국인 관리 제도가 2012년 7월부터 도입됩니다. 새 제도의 도입에 따라 종래의 외국인 등록 제도는 폐지되고, 불법 체류자의 효율적 관리라는 명목으로 일반 재일 외국인에게는 '재류(在留) 카드'를, 특별영주권자에게는 '특별영주 증명서'라는 IC칩이 내장된 카드를 발급하게 되었습니다. 이 '특별영주 증명서' 수령 의무를 위반한 경우에는 1년 이하의 징역 등에 처해질 수 있습니다. 또 외국인 등록증 같은 상시 휴대 의무는 없지만 담당 경찰관이 제시를 요구하면 보관 장소까지 동행해서 제시할 의무는 남아 있습니다. 제도 변경에 따라 재입국 수속은 간소해지지만, 재일 외국인을 일본 국민과 구별해서 엄중하게 관리하는 본질은 변하지 않았습니다.

그리고 일본에서는 중학교까지는 의무 교육이기 때문에 일본 국적인 자녀는 초등학교에 입학할 연령이 되면 지자체로부터 통지가 와서 입학 준비를 시작하게 되는데, 일본 국적이 아닌 재일조선인의 경우는 몇몇 지자체를 제외하고 별도의 통지가 없습니다. 자녀를 지역의 학교에 보내려면 부모가 알아서 수속을 해야 합니다.

직업에 있어서도, 재일조선인이 할 수 없는 직업이 지금도 있습니다. 국회의원이나 지방의회 의원 등, 선거로 선출되는 정치가가 될 수 없는 것은 앞에서 이야기했는데, 공무원도 국가 공무원이나 경찰관, 공립학교 교사 등 될 수 없는 직종이 몇 개 남아 있습니다. 변호사의 길이 열린 것은 1977년입니다.

같은 일본에서 태어나고 자라 같은 사회에서 생활하고 있어도, 태생적으로 가질 수 없는 직업이 있다는 것은, 아이들에게 장래의 꿈과 관련되는 일이고, 어른이 되어서는 생활에 관련되는 일입니다. 그런 직종 선택의 제한에 대해 이야기하겠습니다.

1952년 일본 국적이 부정되기까지 재일조선인은 일본 국적이었기 때문에 재일조선인 공무원이나 국철(훗JR) 직원, 우체국 직원도 있었습니다. 그러나 국적을 부정당했기 때문에 공무원이 되려면 어떤 자격이 필요한지가 이 시점에서 처음으로 문제가 되었습니다. 그에 대해 1953년 법제국(내각에 설치된 기관으로, 법령의 심사나 법제에 관한 조사를 담당한다.—옮긴이)의 제1부장이 "국가권력의 행사 또는 국가 의사를 형성하기 위한 계획에 참여하는 공무원이 되기 위해서는 일본 국적을 필요로 한다. 다만 '오로지 학술적 혹은 기술적인 사무 또는 기계적 노동', '정형적인 직무'는 제외한다."고 회신했습니다.

공무원 중에서도 국가권력을 행사하는 일에 종사하려면 일본 국적이 필요하다는 당시의 정부 견해를 제시한 것인데, '국가권력'이란

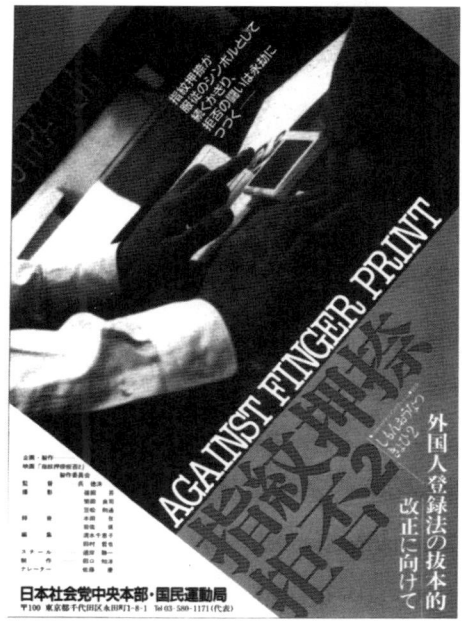

지문 날인 거부 운동 포스터. (1984년, 재일한인역사자료관 소장)

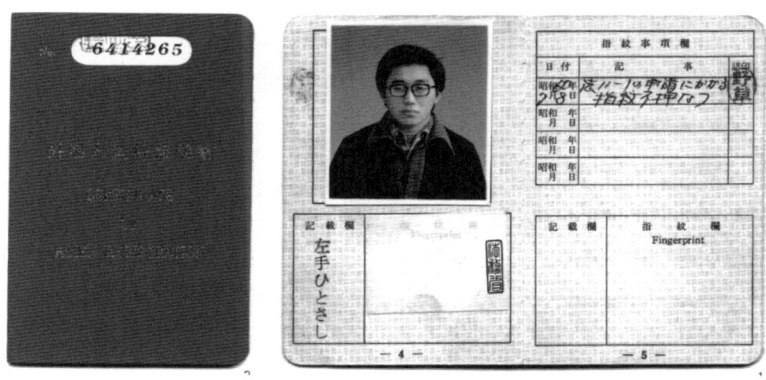

지문 날인을 거부한 효고 현 박일의 외국인 등록증. '지문란'이 비어 있다. (재일한인역사자료관 소장)

말은 나중에 '공권력'이라는 말로 대체되었습니다. 이것을 근거로 많은 직종에서 '국적 조항'이 적용되었습니다. 그러나 이러한 정부 견해는 법률에 근거하는 것은 아닙니다. 공무원은 일본 국적 보유자로 한정한다는 것은 어느 법률에도 명기되어 있지 않습니다. 이런 의문에 대해 정부는 '당연한 법리(명기되어 있지 않지만 당연한 것)'라고 주장했습니다.

이에 대해 1970년 무렵부터 많은 재일조선인이 국적에 따른 직업 선택의 제한에 끈질기게 맞서왔습니다. 그 움직임을 연대별로 추적해보겠습니다.

최초로 움직임이 있던 곳은 효고 현(兵庫縣)입니다.

1970년에 효고 현은 민간 기업에 '외국인 학생에게 문호 개방'을 해줄 것을 요청합니다. 외국인이라는 이유로 취직을 거부하는 것은 노동기본법 위반이지만 현실에서는 공공연히 일어나는 일입니다. 니시노미야(西宮), 아마가사키(尼崎) 등에 재일조선인이 많은 효고 현에서는 이들이 고등학교를 졸업해도 취직할 수 없는 문제가 있어 이것의 시정을 민간 기업에 요구한 것입니다. 그러자 그 현부터 국적 조항을 이유로 외국인을 채용하지 않는 것이 문제가 되었습니다. 그 결과, 오사카와 효고의 비교적 규모가 작은 여섯 개 시와 한 개의 정(町, 읍에 해당—옮긴이)에서 국적 조항이 철폐되었습니다.(정령지정도시* 등

●——— *일본 대도시 제도의 하나로 일본 지방자치법에서 규정하는 '정령으로 지정하는 인구 50만 명 이상인 시'이다. 1956년 처음으로 요코하마 시, 나고야 시, 오사카 시, 교토 시, 고베 시를 지정하는 것으로 시작하여, 현재는 삿포로 시, 센다이 시, 가와사키 시 등 20개 시가 이에 해당한다.—옮긴이

큰 지자체에서는 그 후로도 오랫동안 국적 조항이 그대로 남아 있었습니다.)

그리고 1974년 아마가사키 시, 니시노미야 시, 가와니시 시(川西市) 등에서 공무원 채용이 실현되었습니다.

같은 해, '히타치(日立) 취업 차별 사건'에 대하여 법원이 원고 승소 판결을 합니다. 이 사건의 개요는 이렇습니다. 1970년에 박종석(朴鐘碩) 씨가 일본식 통명으로 히타치 제작소의 입사 시험에 합격하여 취직이 내정되었습니다. 그러나 그 후, 호적등본 제출을 요구받고 박 씨가 외국인 등록 증명서로 대신하면 안 되겠느냐고 문의하자, 회사는 '외국인은 고용할 수 없다'며 채용을 취소했습니다. 이러한 경우 그때까지의 많은 재일조선인은 어쩔 수 없다며 포기했지만 박 씨는 회사 측에 재고를 요구했고, 회사가 상대해주지 않자 사법 기관에 호소했습니다. 4년에 걸친 재판에서 승소하여 박 씨는 본명으로 히타치 제작소에 취직했습니다.

이 재판에 의해 외국인이라는 이유로 채용을 거부하는 것은 차별이라는 것이 판결로 확정되었습니다. 이런 사람들의 노력이 있어, 조금씩 문호가 열린 것입니다.

김경득(金敬得) 씨는 변호사의 길을 열었습니다.

1976년 김경득 씨는 사법시험 2차 시험에 합격했습니다. 그러나 사법연수생으로 채용되려면 일본 국적이 필요했기 때문에 '귀화'가 조건이 되었습니다. 김 씨는 이의신청을 했습니다. 1977년 대법원의 결정에 따라 사법연수생이 될 수 있었고, 일본 국적을 갖지 않은 재일조선인으로 '최초의 변호사'가 되었습니다. (1952년 이전에는 조선인 변호사도 있었습니다.)

조금 길지만 김경득 씨가 법원에 제출한 탄원서의 일부를 소개하겠습니다.

저는 어려서부터 조선인으로 태어난 것을 원망하며, 자신에게서 일체의 조선적인 것을 배제하려고 노력해왔습니다. 초, 중, 고, 대학생이 되면서 일본인처럼 행동하는 것이 습관이 되어버렸습니다. 그러나 일본인의 차별에서 벗어나기 위해 일본인으로 위장하는 것은 매우 고통이 따르는 것이었습니다. 대학 졸업이 다가오면서 조선인인 것을 들키지는 않을까 전전긍긍하며 소심하게 사는 비참함을 더 이상 견딜 수 없게 되었습니다. 일본인으로 위장하기 위해 수고를 낭비하는 것이 얼마나 어리석은지를 통감하게 된 것입니다.

생각해보니 수고를 낭비해야 할 곳은 차별을 없애는 일이지, 일본인으로 위장하는 일이 아니었습니다. 저는 거기에 생각이 미쳤습니다. (중략) 지금, 사법 시험에 합격하여 대법원으로부터 국적 변경을 강요받고 있는 이 시점에서, 가벼이 귀화 신청을 하는 것을, 저는 할 수 없습니다. 그것은 제가 변호사가 되려고 한 이유 그 자체를 상실하는 것을 의미하기 때문입니다. 귀화한 뒤 조선인 차별 해소를 위해 노력하고, 조선인을 위해 변호 활동을 하면 되지 않는가 한다 한들, 귀화한 제가 어떤 형태로 조선인 차별 해소에 관여할 수 있겠습니까. 또 조선인인 것을 원망하며 어린 마음에 상처받고 있는 동포의 자녀들에게

'조선인인 것을 부끄러워하지 말고 강하게 살아라' 하고 타이른다 한들, 그것이 귀화한 사람의 말이라면 도대체 무슨 효과가 있겠습니까.

김경득 씨가 이런 노력으로 대법원까지 생각을 바꾸게 한 덕분에 재일조선인도 변호사를 꿈꿀 수 있게 되었습니다. 김경득 씨는 몇 년 전에 돌아가셨는데 그전까지 인권변호사로 활동하셨습니다.

Q 판사나 검사도 국가 공무원이므로 일본 국민밖에 될 수 없지요?

그렇습니다. 변호사의 문호가 열려서 사법의 일각에는 참여할 수 있게 되었지만, '가스미가세키(霞ヶ関, 도쿄의 행정부가 있는 곳―옮긴이)'나 '나가타초(永田町, 국회의사당이 있는 곳―옮긴이)'라고 불리는 행정관(관료)이나, 입법에 관한 직업은 현재도 일본 국민으로 한정되어 있습니다.

더 일반적인 직업에서도 그 후, 국적 조항을 둘러싼 재일조선인의 도전이 계속됩니다.

1976년 오사카의 고등학생이 전전공사(電電公社, 현 일본전신전화공사)로부터 공사의 직원은 '공무원에 준한다'는 이유로 지원을 거부당합니다. 전전공사는 공공성이 높기 때문에 그 직원은 공무원과 같아서 일본 국적이 필요하다는 전전공사의 판단을 제시한 것입니다.

1977년에는 니시노미야의 고등학생도 전전공사에 취직을 희망해서 국적 조항 철폐를 요구했지만 역시 거부당했습니다.

전전공사 측은 '통신 사업은 비밀 엄수를 요한다', '(재일조선인을 채용해서) 통신 비밀이 새어나가면 어떻게 할 것인가, 외국인이 일반 가정에 전화기를 설치하러 가는 것은 괜찮은가, 경쟁률이 높은데 일본인을 놔두고 외국인을 채용해도 되나……' 등의 거부 이유를 들었지만 비판이 높아지자, 다음 해인 1978년에 국적 조항을 철폐했습니다.

1979년 일본은 국제인권규약을 비준합니다. 이 규약은 '내외국인 평등'을 원칙으로 노동의 권리, 노동의 자유로운 선택권, 공정한 노동 조건은 내국민과 외국인 모두 평등하게 보장받아야 한다는 내용을 담고 있습니다. (다만 일본 정부는 국제인권규약을 비준해도, 외국인의 지방 공무원 임용 의무가 발생하는 것은 아니라는 입장을 취하고 있습니다.)

같은 해인 1979년 미에 현에서 이경순(李慶順) 씨가 교원임용시험에 합격하여, 1980년부터 초등학교 교사로 교단에 섭니다. 본명으로 시험을 본 이경순 씨에게 교육위원회는 통명으로 채용 통지를 보냈습니다. 이 씨는 이를 강하게 거부하고 본명을 사용하고 있습니다.

그런데 문부성이 외국 국적인 사람을 교원으로 채용하는 것은 바람직하지 않다고 지적하기 시작했습니다.

같은 1979년 신슈(信州) 대학을 졸업한 양홍자(梁弘子) 씨는 나가노 현(長野縣)의 교원임용시험에 합격하지단, 한국 국적을 이유로 채용 불가가 되어 임시 교사로 근무하게 되었습니다.

재일조선인의 끈질긴 도전은 계속됩니다.

오사카에 사는 문공휘(文公輝) 씨는 대학 졸업 후, 1988년에 오사카 시 직원 시험을 보려고 했는데 일반사무직에 '국적 조항'이 있어, 시험 접수조차 할 수 없었습니다. 납득할 수 없었던 문 씨는 시청사 앞에서 전단지를 배포하는 등 항의 활동을 시작해, 다음 해 다시 시험을 신청하지만 역시 시험을 볼 수 없었습니다. 문 씨의 활동을 지원하는 사람들도 늘고, 미디어도 주목하게 된 1990년, 문 씨는 다시 시험을 신청했고, 이때는 시험을 볼 수 있었습니다.

국적 조항을 이유로 문 씨의 수험을 거절한 오사카 시가 일반사무직의 국적 조항을 없앤 것은 아니고 새롭게 '국제'라는 전문직을 만들어 수험 자격을 부여한 것입니다. 그 후 1996년, 가와사키 시가 정령지정도시로서는 처음으로 일반사무직의 국적 조항을 없애고 재일 외국인의 수험 자격을 인정했습니다. 같은 해에 오사카 시도 일반사무직의 국적 조항을 없앴습니다.

Q 국적 조항 철폐 움직임이 계속되어, 지금은 문제가 해결되었나요?

오랜 세월에 걸친 노력의 결과, 국적에 의한 취직 차별은 분명히 조금씩 개선되고 있지만 오늘날에도 많은 제한이 남아 있습니다.

1991년에는 한일 양 정부 간에 공무원 임용에 관한 합의를 확인합니다.(한일외무장관각서) 한국 정부가 일본에서 재일 한국인이 차별받는 것은 합리적이지 않다고, 이전부터 개선을 요구해온 것을 일본이 받아들인 것입니다. 그 합의로 일본은 재일조선인의 공립학교 임용은 '교사'가 아닌, '상근 강사'로 한다고 결정했습니다. '교사'의 업무는 '공권력의 행사'에 해당하지만 '상근 강사'는 그렇지 않다고 해석한 것입니다. 이렇게 해서 일본 국적이 없어도 채용되게 되었지만, 채용 후에도 줄곧 '교사'와의 사이에 차별이 계속됩니다. 이 때문에 저는 이 각서가 차별을 없애는 목적으로 진전한 것이라고는 말할 수 없다고 생각합니다. 한국 정부가 일본에서의 재일 한국인 차별을 인정한 것이 되기 때문입니다.

도쿄의 보건사인 정향균(鄭香均) 씨는 관리직 승진 시험을 보려고 했지만 일본 국적이 없다는 이유로 거부당했습니다. 이에 대해 정 씨는 도쿄 도를 상대로 수험 자격 확인을 요구하는 소송을 제기했습니다. 1심에서는 정 씨가 패소했지만, 2심인 도쿄고등법원은 '외국인의 관리직 승진의 길을 일률적으로 막는 것은 헌법 위반'이라고 하여 정 씨 승소 판결을 내렸습니다. 그러나 도쿄 도는 여기에 불복하여 대법원에 상고했습니다. 조금 어려울 수도 있지만 아래에 대법원에서 정 씨가 한 진술을 인용하겠습니다.

> 저는 이 운동(끈질긴 시민 운동—인용자)의 결과, 1988년 일본 국적자와 같은 시험을 치르고 채용되어, 일본인과 똑같이 일하고 있습니다. 그럼에도 불구하고, 외국 국적인 저에게는 승진 시험을 볼 자유도, 거부할 자유도 없는 것이 '당연한 법리'이고, 너무나 당연한 것이어서 기재조차 하지 않는 것이라는 말을 들었습니다. (중략) '당연한 법리'는 입법부인 국회에서 의결된 법률이 아닙니다. 행정부가 만든,

얼마든지 확대 해석이 가능한 추상적이고 애매한 기준에 헌법으로 보장된 인권이 침해당할 때, 지방참정권도 주어지지 않아 권리와 의사를 사회에 반영할 수단도 없는, 분리된 소수자인 외국 국적 주민의 인권을 회복, 보장할 수 있는 것은 사법 이외에는 없습니다.

그러나 대법원은 2005년, 2심 판결을 파기하고, 정 씨의 청구를 물리치는 역전된 판결을 내렸습니다. 이에 따라 정 씨의 패소가 확정되었습니다.

정 씨는 "저는 공중위생이라는 공공적인 업무의 수행을, 제가 속한 지역 공동체 안에서, 주민의 목소리를 격의 없이 들을 수 있는 보건소에서 행하고 싶다고 희망한 것뿐입니다."라고 진술했습니다. 정 씨는 후배들이 관리직으로 승진하는 것을 그저 보고 있을 수밖에 없는 상태에서 정년을 맞이했습니다. 정 씨의 정당한 바람이 국적 차별의 벽에 부딪혔을 뿐 아니라, 그녀의 풍부한 경험과 지식이 주민을 위해 보다 잘 활용될 기회도 박탈당한 것입니다.

Q 조선 학교에 대해서도 알고 싶습니다.

일본이 패전하고 조선이 식민지 지배에서 해방되었을 때, 일본에 있던 조선인들은 자신들의 힘으로 각지에 학교를 건설했습니다. 오랫동안 배울 수 없었던 조선 민족의 말, 역사, 문화 등을 직접 가르치고 배우기 위해서입니다. 그러나 일본 정부는 일본의 학교교육법을 기반으로 한 교육을 하는 것이 아니면 정식 학교로 인정할 수 없다는 입장을 취했고, 당시 일본을 점령하에 두고 있던 연합국 사령부(GHQ)도 일본 정부의 방침을 지지했습니다. 앞에서 말한 것처럼 동서 대립이 심해지고, 조선 반도에서는 전쟁이 일어날 것 같은 상황이었기 때문에, 조선 학교를 정치적으로 위험한 것으로 간주한 것입니다. 일본 정부와 연합국 사령부는 자주적인 교육을 하려는 재일조선인을 있는 힘을 다해 억압하고, 조선 학교를 폐교시켰습니다. 이에 대한 항의 운동 중에, 데모 중이던 재일조선인 학생 한 명이 경찰 부대에 사살당하는 사건까지 일어났습니다.(1948년 한신교육투쟁*)

조선전쟁이 정전된 후, 조선 학교는 재건되어, 현재는 유치원부터 대학교까지 일본 각지에 약 100개 교가 있는 것으로 알려져 있습니다. 그러나 일본 정부는 현재도, 조선 학교를 학교교육법 제1조가 정하는 정식 '학교(1조교**)'로 인정하고 있지 않습니다. 그 때문에 조성금도 일반 사립 학교의 1/10 정도 밖에 지급되지 않고, 조선 고급 학교(고등학교에 해당)를 졸업해도 국립 대학에 지원할 자격이 주어지지 않습니다.

●── 한신교육투쟁은 1948년 4월 14일~26일에 오사카와 효고 현에서 발생한 재일조선인의 민족 교육 투쟁으로, 1948년 1월 24일 문부성이 발표한, 모든 조선인 학생을 일본 학교로 편입시킬 것을 내용으로 하는 '조선 학교 폐쇄령'에 반발해서 일어났다.─옮긴이
●●── 1조교란 학교교육법 제1조에 제시된 교육 시설의 종류 및 그 교육 시설을 가리킨다. 학교교육법 제1조는 다음과 같다. '이 법률에서 학교란 유치원, 초등학교, 중학교, 고등학교, 중등교육학교, 특별지원학교, 대학 및 고등전문학교로 한다.'─옮긴이

교복을 입고 있는 오사카조선중학교(大阪朝鮮中學校) 학생들.(재일한인역사자료관 소장)

미유키모리소학교(御幸森小學校)의 민족 학급 학생들.(1994년, 사진 안해룡)

일본변호사연합회는 이러한 일본 정부의 취급을 '중대한 인권 침해이며, 어린이들이 자국 문화에 의한 교육을 받을 권리를 보장한 국제 조약(어린이권리조약)에도 위반된다'고 판단하여, 조선 학교를 다른 '1조교'와 같은 자격으로 인정하도록 요구했습니다.

현재 민주당 정권은 고등학교 학비를 무상화하는 것을 중요한 공약으로 내놓았습니다. 그러나 2011년 11월 현재, 다른 모든 외국인 학교들이 학비 무상화 대상이 되었는데 조선 학교만 제외되었습니다.

야당뿐 아니라 여당인 민주당 내에도 조선민주주의인민공화국과 조선 학교와의 관계를 이유로 강한 반대 의견이 있기 때문입니다.• 또 오사카의 하시모토(橋下) 당시 지사는 북조선을 가리켜 '야쿠

●──── 일본 각지에 있는 조선 학교의 학생 수는 1970년대 초에 4만 6000명을 헤아렸지만, 그 이후 감소하고 있다. 일본 문부과학성에 의하면, 2009년에 학생 수는 약 8300명이라고 한다. 재학생의 국적은 조선적과 한국적이 각각 절반 정도이고, 일본적연 학생도 더러 있다.
1945년 해방 직후, 일본에 사는 조선인들은 자신들의 언어, 역사, 문화를 배우기 위해 일본 각지에 자력으로 '국어 강습소'를 세웠다. 1945년 9월에 결성된 재일본조선인연맹(조련)은 1946년부터 학교 건설에 적극적으로 뛰어들어, 같은 해 10월에 초등학교 525개교(학생 수 약 4만 2000명), 중등학교 4개교(학생 수 약 1200명), 청년학교 10개교를 설립했다. 이들 학교가 오늘날 조선 학교의 기원이다.
그러나 연합국 점령군(실질적으로 미군) 당국은 조선 학교도 일본 법률의 틀 안에서 취급하여 일본 정부의 지시에 따르게 한다는 방침을 제시했다. 이 방침을 받아들인 일본 정부는 1948년에 조선인 학생도 일본 학교 입학을 의무 사항으로 하여, 조선 학교를 법적으로 승인하지 않는 방침을 세웠다. 그 후, 미일 당국은 조련을 해산시키고 조선 학교 폐쇄를 강행했다.
조선전쟁 정전 후, 1955년에 재일본조선인총연합회(조총련)가 결성되었고 그 영향하에 조선 학교가 재건되었다. 이 과정에서 조선민주주의인민공화국이 교육 원조에 나섰다.
이러한 조선 학교 외에, 한국계 학교(한국 학교)도 있는데 역대 한국 정부가 적극적인 지원을 하지 않아 그 수는 도쿄 1곳, 오사카 2곳, 교토 1곳 등 4개교에 불과하다. 대부분은 일본 정부가 요구하는 교과 과정에 기초하여 교육하고, 민족 교육은 추가적으로 하고 있다. 도쿄 한국 학교의 경우, 재학생은 대부분 한국에서 온 주재원 자녀들로 재일조선인 학생은 매우 적다.

자 같은 나라'라고 하며, 조선 학교가 그런 나라와 연결되어 있는 한 보조할 수 없다고 공언했습니다.

많은 일본인이 조선 학교 교실에 북조선 지도자의 초상화가 있는 것은 문제라고 말하지만, 한편으로 생각하면, 종교계 사립 학교 등에서 종교 지도자의 초상을 거는 것이나 종교 교육 시간이 있는 것은 문제가 되지 않습니다. 어째서 이런 차이가 있는 것일까요?

국가주의 교육, 민족주의 교육이라서 안 된다고 한다면, 일본 정부가 졸업식이나 입학식에서 히노마루(일본 국기—옮긴이), 기미가요(일본 국가—옮긴이)를 강제하는 것은 어떠한지 생각해볼 필요가 있습니다. 여기는 일본이니까 당연하다고 생각하나요? 일본인에게도 그것이 당연한 것은 아니라고 생각합니다.

근본적으로 어떤 학교든 정부가 교육 내용에 간섭하는 것이 허용되어서는 안 됩니다. 과거의 군국주의 교육이나 황민화 교육에 대한 반성에서, 정치로부터 교육권의 자립성을 존중하는 것이 마땅히 요구되기 때문입니다. 설령 어느 나라의 제도나 정책에 비판받을 부분이 있더라도, 그것은 다른 방법으로 표명해야지, 교육권의 침해나 어린이에 대한 차별 등의 방법을 취해서는 안 됩니다. 보조를 할지 말지를 정부가 판단하고 선별하는 것은, 교육의 자립성에 대한 부당한 개입이 됩니다. 게다가 조선 학교에서 배우는 학생들은 일본인과 똑같이 납세하며 일본 사회에서 사는 시민의 아이들입니다. 조선 학교에 대한 일본의 차별은 그런 아이들의 교육받을 권리에 대한 침해이며, 국가로서 해서는 안 될 일이라고 생각합니다.

재일조선인을 소개합니다   03

조선과 관련된 모든 것을 싫어했던
재일조선인 3세, 배귀미(裵貴美) 씨

배귀미 씨와 만난 것은 십수 년 전, 에히메 현(愛媛県) 마쓰야마 시(松山市)에서입니다. 마쓰야마 대학에서 열린 심포지엄에 졸업생인 배 씨가 참가해「민족의 공생을 바라며(民族の共生願って)」라는 주제로 발표를 한 것입니다.

  배 씨는 말을 신중하게 가려서 하는 조신한 사람이었다고 기억하는데 거기서 이런 이야기를 했습니다.

> 학창 시절, 친해진 친구에게 작심하고 제가 재일조선인인 것을 밝히면, 항상 돌아오는 말이 있었습니다. "아. 그래? 전혀 몰랐어. 일본 사람하고 똑같네. 특별히 신경 쓰지 않아도 돼." 이야기는 그것으로 끝나고, 아무 일도 없었던 것처럼 다른 방향으로 흘러갑니다. '일본인과 똑같다'는 친구의 상냥한 말이 어딘가 마음에 걸려, 아무래도 이상하다는 생각이 들었습니다. 하지만 아무리 친한 친구에게도 무겁게 짓누르는 이 고통을 이야기할 수는 없었습니다.

배 씨의 할아버지는 1941년에 규슈의 탄광으로 강제 연행 되었습니다. 1945년, 일본 패전 후 할아버지는 일단 조선으로 돌아갔지만, 이미 그곳에서의 생활 기반이 없어져서 일을 하려고 다시 일본으로 돌아왔다고 합니다. 배 씨의 아버지도 가족을 부양하려고 할아버지와 함께 일했습니다.

배 씨의 부모님은 일본식 통명을 사용하며 가정에서도 조선의 관습이나 문화를 강요하지 않고, 다른 일본인 가정과 똑같이 아이를 키우려고 했습니다. 일본 고유의 축제인 시치고산(七五三, 남자아이는 3세와 5세, 여자아이는 3세와 7세 되는 해의 11월 15일에 성장을 축하하는 행사—옮긴이), 히나마쓰리(雛祭り, 3월 3일에 행해지는 여자아이들의 축제—옮긴이), 성인식 등도 일본인과 똑같이 축하했습니다. 일본 사회에서 살아갈 아이들을 위해 완전한 일본인이 되려고 한 것입니다.

그러나 초등학교 급식 시간에, 충격적인 사건이 일어납니다. 어떤 남자아이가 미소시루(일본 된장국—옮긴이)에 밥을 말아 먹는 것을 보고 여자아이가 "더러워, 개밥 같아."라며 놀린 것입니다. 그 일이 어째서 충격이었을까요? 배 씨의 가정에서 국에 밥을 말아 먹는 것은 지극히 일상적인 일이었기 때문입니다. 조선의 식사 문화에서 그것은 지극히 자연스러운 일입니다. 아무리 완벽하게 일본인이 되려고 해도, 일상생활에 일본인과 다른 습관이 있는데 배 씨의 부모님도 거기까지는 미처 알지 못한 것입니다.

배 씨는 부모님에게조차 불신을 갖게 되었다고 말합니다. 배 씨는 절대로 그 남자아이처럼 이지메를 당하고 싶지 않았습니다. 무엇보다 '더럽다'는 말이 가장 무서웠습니다. 생각해보면 단순히 문화나 풍습의 차이에 지나지 않지만, 당시의 그녀에게 일본 문화는 올바르고, 조선 문화는 잘못된 것이었습니다.

배 씨는 어느 틈엔가, 자신의 가정이 보통 사람들과는 다르다고 느꼈고, 그 차이를 감춰야 한다고 생각하게 되었습니다.

차별을 받지 않고 자랐지만, 그것은 자신이 재일조선인인 것을 주변에서 몰랐기 때문일 뿐이며 만일 부모님이 본명으로 생활하게 했으면 틀림없이 차별을 받았을 거라고 생각했습니다. 자기 자신, 부모님에 대한 혐오감으로부터 시작되어, 재일조선인이면서도 같은 재일조선인을 차별했다고 합니다.

배 씨는 왜 차별받아야 하는지 생각하려고도, 배우려고도 하지 않았습니다. 일본 사회에서 받는 취급을 부당하다고 비판하기 전에 자신이 차별 대상자라는 사실을 용납할 수 없었습니다. 조선적인 모든 것(식사, 말, 제사 의식, 친족 모임 등)을 주변에서 완전히 배제하고, 부모님의 조선적인 관습이나 행동을 모조리 싫어했습니다. 일본인으로 동화하는 것이 가장 좋은 방법이라고 생각한 것입니다. 그러나 대학 졸업 시기에, 구직 활동이라는 벽이 기다리고 있었습니다.

그때까지 배 씨는 사람들 앞에서 자신이 재일조선인인 것을 밝힐 수 없었습니다. 마음을 나누는 친구에게도 그것을 말한 후에는, 꼭 눈물이 났습니다. 하지만 취직하려고 할 때 국적을 감출 수는 없었습니다.

'취직 차별이 있는 것은 당연하다'고 배워왔고 사실 그녀가 아는 재일조선인 중, 회사에서 일하는 사람은 한 명도 없었으며, 모두 자영업을 했습니다. 배 씨는 구직 활동으로 회사를 방문할 때, 언제나 국적을 명기하고, 재일조선인 채용에 대해 질문했습니다. 그러나 면접 때에도, 그 후에도, 그녀는 회사 측으로부터 한 번도 그것에 대해 언급도, 질문도 받은 적이 없습니다. 회사 측은 일절 언급하지 않았습니다. 그것은 무시라는 차별입니다. 결과는 모두 불합격이었습니다. 다행히 마지막에 출신 지역의 기업에 취직할 수 있었지만 배 씨는 '한국인이라는 사실에 죄지은 사람처럼 살고 있는 자신'이 비참해서 눈물을 흘렸다고 합니다.

배 씨는 심포지엄에서 다음과 같은 이야기로 발언을 마쳤습니다.

"저는 다음 세대의 어린이들이, 어렸을 때의 저와 같은 생각이나 사고방식으로 현실을 살지 않기를 바랍니다. 일본 사회의 현상을 당연한 것으로 받아들이며 일본에 동화하는 길을 걷지 않았으면 합니다. '사실'을 가르쳐주십시오. '사실'을 배우십시오. 단지 그것뿐입니다."

6

재일조선인 문제는
언제쯤 해결될까요?

Q 전후 몇 년이나 지났는데, 왜 아직도 문제가 남아 있습니까?

패전 후, 식민지 지배에 대해 일본 정부가 상대방과 논의해서 제대로 청산하는 과정을 거치지 않은 채 오늘날에 이르렀기 때문입니다. 병합에 의해 식민지 지배를 받은 대상은 조선인 모두이기 때문에, 그 식민지 지배의 전후 처리가 애매한 것은 재일조선인 문제도 애매한 상태라는 것을 뜻합니다.

1장에서 간단히 이야기했지만 병합 조약이 평화로운 가운데 자유의사를 바탕으로 체결된 것이 아님은 명백합니다. 국제법상 강제적으로 체결된 조약은 무효지만 '강제'의 의미에 대한 해석이 엇갈리고 있습니다. 실제로 총을 들이대면서 서명하게 해야 강제라고 매우 좁게 해석하는 사람도 있고, 당시 조선이 놓인 위치 자체가 강제

된 입장이라고 넓게 해석하는 사람도 있습니다.

현재 일본 정부의 공식 입장은 '미안한 일이었지만, 불법은 아니었다'는 것입니다. 도의적으로는 문제였을지 모르나 법률적으로는 유효하다, 당시에는 다른 나라도 비슷한 일을 했다는 주장입니다. 그러나 한국 정부도, 북조선 정부도 병합 조약은 위법이며 무효라고 받아들이고 있습니다.

여기서 일본의 식민지 지배에 관한 전후 처리에 대해 살펴봅시다. 북조선과는 현재까지 국교가 없기 때문에 한국과의 관계가 주가 됩니다.

샌프란시스코강화조약

전후, 미국을 중심으로 하는 자본주의 체제(서측)와 소련을 중심으로 하는 사회주의 체제(동측)의 대립이 심화되고, 1949년에 중화인민공화국이 성립하자 위기감을 느낀 미국은 동아시아 국가들을 '반공친미(공산주의에는 반대하게, 미국과는 사이좋게)'로 하는 데에 힘을 쏟습니다. 조선전쟁도, 베트남전쟁도 그 일환으로 일어난 것입니다.

미국은 일본을 동아시아 반공친미 세력의 중심으로 삼기 위해 보수파(식민지주의를 잘못이라고 인정하고 싶지 않은 사람들)를 정권의 중심에 복귀시킵니다. 한편, 당시 동아시아 권력자들은 대만의 장제스도, 필리핀의 마르코스도, 인도네시아의 수카르노도 전쟁 중에 일본과 싸왔다는 것이 권력의 정당성의 근거가 되었습니다. 미국으로서는 이들 나라들과 일본 사이를 중재하지 않으면 반공친미의 동아시아 질서를 만들 수 없었습니다. 일본의 전후 처리를 정하는 샌프란시스코 강화조약(1952년)은 그와 같은 상황에서 체결되었습니다.

샌프란시스코조약의 큰 특징 중 하나는, 편면강화라고 불리는 것처럼 소련과 중화인민공화국이 들어가지 않은 점입니다. 이 조약에서는 미국의 이익만이 추구되었습니다. 영국, 네덜란드 등 그 밖의 나라들도 참가했지만 이들은 자본주의 진영이라는 점에서 미국과 이해가 일치하는 나라들이었습니다.

또 하나의 특징은, 조약의 결과 조선뿐 아니라 아시아 여러 나라에 대한 일본의 배상 책임이 흐지부지되었다는 점입니다. 필리핀의 경우, 도로를 만들어주는 것으로 배상을 대신했습니다. 다른 나라에서도 마찬가지로 도로나 댐 등의 시설을 만드는 것을 배상으로 삼았습니다. 일본의 건설 회사가 가서, 일본인의 세금으로 만들기 때문에, 현지의 독재 정권에게 이익이 됨과 동시에 일본으로서는 입힌 피해에 비해 터무니없이 적은 비용으로 해결할 수 있습니다. 그런 형태로 미국의 주도하에 전후 처리 문제가 해결된 것입니다.

조선에 대해서는, 일본이 조선에 대한 식민지 시대의 권익을 포기하는 것에 그쳤습니다.

샌프란시스코강화조약에 일본이 어떤 원칙으로 임했는지에 대해 외무성 조약국(條約局)의 생각을 소개하겠습니다. 일본은 패전 결과 조선, 대만, 가라후토(樺太, 사할린), 관둥저우(關東州, 중국의 랴오둥 반도 남쪽 지역으로 1898년부터 1905년까지 일본의 지배를 받았다.—옮긴이), 남양 군도 등을 포기하게 되었는데, 그에 관해 1950년에 외무성이 기안한 다음과 같은 문서가 남아 있습니다. (나카쓰카 아키라(中塚明), 『근대 일본과 조선(近代日本と朝鮮)』)

> 우선 지적하고 싶은 점은, 일본이 만든 이들 지역의 시설이 결코 세상에서 말하는 식민지에 대한 착취 정치라고 지목당할 만한 것이 아니었다는 점이다. 역으로 이들 지역은 일본의 영유가 된 당시에는 모두 가장 미개발되었던 지역으로 각 지역의 경제적, 사회적, 문화적 향상과 근대화는 오로지 일본의 공헌에 의한 것이었다.

일본 정부는 처음부터 일본의 지배는 식민지 착취가 아니며 오히려 공헌을 했다는 자세를 기본 방침으로 전후 처리에 임했던 것입니다. 문명화한 일본이 뒤처진 지역을 이끌었다는, 불평등하고 제국주의적인 사고방식이 그대로 남아 있었습니다.

또 이렇게도 쓰여 있습니다.

> 카이로선언이나 얄타협정은, 일본에서 박탈되는 영토를 일본이 "도취(盜取)"하거나, 또는 "폭력과 탐욕" 혹은 "배신적 공격"에 의해 약취한 것처럼 말하고 있다.
> 우리는 대만 및 가라후토의 취득, 조선 병합 또는 남양군도의 위임통치 수락에 대해 그와 같은 범죄적 비난이 가해지는 것에 반대하지

않을 수 없다. 일본은 그 어떤 경우에도 당시의 국제법 및 관행에 엄격히 준거하여 행동하였고, 일본의 조치는 모든 열국(列國)이 승인한 바이다.

일본은 조선이 독립하고, 대만 및 펑후 제도(澎湖諸島, 대만의 서쪽에 위치한 섬으로 청일전쟁의 승리로 대만과 함께 일본에 할양되었다.—옮긴이)가 중국으로 복귀하는 것에 이의는 없다. 그것은 이들 지역이 도취당한 것이기 때문이 아니라 시대가 변천하여 우리는 더 이상 주민의 의사에 반하여 영토를 갖고자 하지 않기 때문이다.

일본이 나쁜 짓을 했다는 비난을 듣는 것에는 반대한다, 구미 제국도 같은 일을 했던 시대였기 때문에 병합 조약은 법적으로 유효했다, 과거에는 상대가 원했기 때문에 했지만, 지금은 원하지 않기 때문에 그만둘 뿐이다라는 입장입니다.

그리고 일본이 조선과 전쟁하지 않았다고 주장하여 한국 대표의 참가에 반대했기 때문에 샌프란시스코강화회의에 조선인 대표는 한 사람도 참가할 수 없었던 것은 앞에서 말한 대로입니다. 이렇게 해서 일본의 전후 처리는 미국의 영향력 아래서 식민지주의를 반성하는 일 없이, 흐지부지 끝나게 된 것입니다.

한일조약

한일조약이 체결된 것은 전후 20년이나 지난 1965년의 일이었습니다. 일본과 대한민국 사이에 국교 교섭이 시작되고 나서 14년이 걸렸습니다. 오랜 기간 교섭이 진전되지 않은 기본적인 문제는 과거의 조약에 대한 입장 차이였습니다.

1905년의 한국보호조약*이나 1910년의 한국병합조약** 등, 과거의 조약이 무효임을 인정하지 않으면 새롭게 대한민국과 조약을 맺을 수 없습니다. 그것을 둘러싸고 한일 간의 의견 대립이 계속되었습니다.

대한민국은 식민지 지배는 폭력에 의해 강제된 것으로, 조선인이 원한 것이 아니므로 조약은 처음부터 무효라는 전제에서 출발했지만 일본 측은 그 전제를 인정하지 않았습니다. 샌프란시스코조약 부분에서 소개한 것처럼 일본의 자세는, 일본의 지배는 식민지 착취가 아니었으며 법적으로도 유효하다는 것이었습니다. 외교 교섭에 참가했던 정치가들도 이와 같은 발언을 반복하여, 한국 정부와 국민에게 커다란 반발을 샀습니다.

* ── 을사조약을 뜻한다. 조선의 외교권 박탈 등 사실상의 식민지 지배를 시작하는 조약으로, '을사보호조약'으로 부르기도 했으나, 최근에는 강제로 체결된 조약이라는 의미에서 '을사늑약'으로 부르고 있다. 일본에서는 '한국보호조약'이라는 용어를 사용하고 있다.─옮긴이

** ── 조선이 국권을 상실하고 일본으로 병합된다는 내용의 조약으로, '한일병합조약'이라고도 하며 우리나라에서는 경술년에 일어난 나라의 치욕이라는 의미에서 '경술국치'라고도 한다. 일본에서는 '일한병합조약'이라는 용어를 사용하고 있다.─옮긴이

한국의 초대 대통령이 된 이승만은, 식민지 시절에는 독립운동 지도자였습니다. 대통령으로서 정당성이 일본의 식민지 지배에 저항했다는 것에 있기 때문에 이 점에서 타협하는 일은 없었습니다. 일본도 물러서지 않았기 때문에 평행선이 계속되었습니다.

그러나 1960년에 이승만은 부패한 독재자라고 하여 민주 혁명이 일어나고, 이 대통령은 하와이로 망명합니다. 이후 민주 정권이 탄생했지만 그것도 잠깐으로, 1961년 군사 정변에 의해 전복되고, 1963년에 박정희라는 군인이 대통령이 됩니다. 그는 만주의 사관학교를 졸업한 전직 만주국 군인이었습니다. 즉 독립운동을 탄압하던 측 사람입니다.

한편, 북조선의 김일성 주석은 만주에서 독립운동을 했던 사람입니다. 남북으로 분단된 두 개의 나라에서 한쪽의 지도자는 독립운동을 한 사람이, 다른 한쪽은 그것을 탄압하던 사람이 된 것입니다.

그런데 1957~1960년에 일본의 수상이었던 기시 노부스케(岸信介)는 만주국의 관료로 패전 후에 A급 전범이었지만, 미국의 영향력으로 정치가로 부활한 사람입니다. 직접 면식이 있었는지는 모르겠지만, 박정희와 기시 노부스케는 만주에서 독립운동을 하던 중국인이나 조선인과 싸우던 동지였습니다.

일본 측에서 보면 한국에서 완고했던 이승만 정권이 무너지고, 민주 정권도 아닌데다(민주 정권에서는 독재 정권보다 시민의 소리에 더욱 신경을 써야 합니다.), 친일파인 과거 만주국 군인이 대통령이 된 것은 자신들에게 유리하게 문제를 해결할 수 있는 기회였습니다.

1965년에 체결된 한일조약에는, 문제가 된 병합 조약이 언제부터 무효인지에 대해 다음과 같이 명기되어 있습니다.

> **제2조** 1910년 8월 22일(병합 조약) 및 그 이전에 대한제국과 대일본 제국 간에 체결된 모든 조약 및 협정은 이미 무효임을 확인한다.

여기서 '이미'란 언제부터인가에 대해 한국 정부는 체결 '당초부터 무효'라고 해석해 국민에게도 그렇게 설명했지만, 일본 정부는 '시대가 변했기 때문에 지금은 무효가 되었으나, 과거에는 합법으로 유효'라는 입장이었습니다. 식민지 지배를 명확하게 인정하지 않는 조약을 일본과 맺는 것에 대해 한국 국민들 사이에서 격렬한 반대 운동이 일었지만 박정희 정권은 계엄령을 발포하고, 군대를 동원해 반대 운동을 진압하면서 조약을 체결했습니다. 즉 한일조약은 식민지 지배의 역사에 대해 한국과 일본의 견해가 일치하지 않은 상태에서 맺어진 조약입니다.

'조선 식민지 지배에 대한 사죄와 보상은 한일조약으로 해결되었다'고 주장하는 사람들이 있는데, 그것은 옳지 않습니다.

우선 한일조약의 상대는 한국뿐이지만, 식민지 지배의 피해자는 북조선이나 재일조선인도 포함하는 조선 민족 전체입니다. 게다가 일본 정부는 식민지 지배의 책임을 인정하지 않는 입장이기 때문에 당연히, 한일조약 체결 때 사죄도 하지 않았습니다.

보상 문제도 아직 남아 있습니다. 한일조약을 맺으면서 일본에서 한국에 무상 공여 3억 달러와, 정부 차관 2억 달러를 지불했는데, 이 것은 결코 배상금이나 보상금이 아니라, 어디까지나 '독립 축하금' 이라는 명목의 경제 협력 자금이라는 것이 일본 정부의 입장입니다. 식민지 지배의 책임을 인정하지 않기 때문에 사죄하거나 보상할 수 없다는 것입니다.

한일조약 체결에는 다음과 같은 배경도 있었습니다.

1965년 당시 미국은 베트남전쟁 중으로 돈이 많이 들었습니다. 그래서 한국에는 군대를, 평화 헌법 때문에 군대를 파견할 수 없는 일본에는 돈을 요구했습니다. 일본은 오키나와의 가데나(嘉手納) 기지를 비롯해 많은 미군 기지가 베트남전쟁의 전선 기지로 활용되었고, 일본 국내에서는 네이팜탄이라는 폭탄을 만드는 등의 일로 기업이 이익을 냈습니다. 그런 미국에서 보면 일본과 한국이 대립 관계에 있는 것은 곤란한 상황입니다. 그래서 조기에 조약을 맺도록 양국에 강한 압력을 가했습니다.

동서 대립 시대가 끝나고

1988년 이후, 소련과 동유럽의 사회주의 국가가 붕괴하고, 동서 대립 시대가 끝나갈 무렵, 동아시아 나라들에서는 독재 정권이 잇달아 붕괴되고 민주화가 진행됩니다. 한국에서는 박정희의 후계자인 전두

환 군사 정권이 막을 내렸고 필리핀에서는 마르코스가 타도되고, 아키노 정권이 탄생했습니다. 대만에서는 장징궈(장제스의 아들) 정권이, 인도네시아에서는 수하르토 정권이 끝났습니다. 동서 냉전의 종료와 동시에 냉전 시대의 질서가 느슨해지고, 각 나라에서는 반공 친미의 독재 정권이 무너지고 민주적인 정권이 탄생한 것입니다.

그래서 1950년대의 전후 처리에 대한 비판이 시민들 사이에서 나오게 되었습니다. 그것이 1990년대 이후, 전(前) 일본군 위안부를 비롯해 전쟁 피해자들의 소송이라는 형태로 나타납니다.

일본은 샌프란시스코조약으로 전쟁 처리가 끝났다는 입장이어서, 이들 소송에는 문전박대로 대응했습니다. 재일조선인으로서 위안부였음을 밝히고, 1993년에 일본에 소송을 제기한 유일한 사람, 송신도(宋神道) 씨도 2003년에 패소가 확정되었습니다.

패소라고 하면, 법원이 국가에 의한 성행위의 강제라는 인권 침해는 없었다고 판단한 것처럼 생각하기 쉽지만, 그렇지 않습니다. 피고인 일본 정부가 일관되게 '사실관계에 대해서는 쟁점화하지 않는다'는 자세를 취했기 때문에, 법원은 사실관계는 확인하지 않고 다만,

송신도 할머니. 1922년 충남 유성에서 태어난 송신도 할머니는 16세 때 1938년 중국 무창의 일본군 전용 위안소인 '세계관'에서 7년 동안 일본군 위안부 생활을 강요당했다. (1994년)

2부 재일조선인에 관한 사실들　211

당시의 국가 행위에 대해서는 배상을 청구할 수 없다, 한국과 이야기가 끝났다며 문전박대한 것입니다.

부산에 사는 전 일본군 위안부 3명 등 모두 10명이 원고가 되어 국가에 제기한 소송(관부재판)에서는 유일하게 제1심에서 국가의 '입법부작위(立法不作爲)'를 인정하는 판결이 있었습니다. '입법부작위'란 국가가 법률을 만들어 대응했어야 하는데, 그 책무를 다하지 않았다는 것입니다. 그러나 이 재판에서도 고등법원에서는 원고 패소라는, 1심을 뒤집는 판결을 내렸고, 대법원도 이를 지지했습니다. 이렇게 1990년대에 제기된 전 일본군 위안부 소송은 모조리 패소로 끝났습니다.

한국에서는 2011년, '한일조약으로 해결이 끝났다'는 일본 측 견해에 대해 한국 정부가 재차 협의를 제기하지 않은 것은 한국 헌법에 위반한다는 판결이 내려졌고, 이에 따라 한국 정부는 위안부 문제의 재협의를 일본에 제의했습니다. 그러나 일본 정부는 종래의 태도를 바꾸지 않고, 재협의를 거부했습니다.*

글로벌화 시대를 맞아

1980년대 중반부터 국제화가 진행되어 일본 기업이 중국, 말레이시아, 싱가포르 등 과거 일본이 침략했던 나라에서 기업 활동을 하게 되었습니다. 그리고 현실적으로 역사 문제에 대해 언제까지나 거부만 하고 있으면 경제활동을 하기 어려워진다는 판단도 일본에서 나왔습니다. 동아시아 나라들과의 마찰이 계속되면, 국제화에 발맞추지 못한다는 목소리가 높아져 전후 50년이 되는 1995년, 국회에서 처음으로 과거에 대한 사죄를 결의하게 되었습니다.

그러나 그 결의에 강경하게 반대하는 사람도 많아서, 가장 중요한 결의 때에는 절반에 가까운 의원이 결석하여 아슬아슬하게 과반수를 넘기며 가결되었습니다. 결의문에는 다음과 같은 대목이 있습니다.

●—— 최근 한국에서는 일제강점기 강제 징용과 관련한 소송에서 주목할 만한 판결이 있었다. 하나는, 2011년 8월 30일 헌법재판소의 판결로, 일본군 위안부 강제 동원 피해자 108명이 '정부가 일본에 배상청구권과 관련한 분쟁을 해결하려는 조치를 취하지 않아 기본권을 침해당했다'며 외교통상부 장관을 상대로 낸 행정부작위 위헌확인심판 헌법소원 사건에서 재판관 6대 3의 의견으로 위헌 결정이 내려졌다. 그 판결에서 재판부는 '일본에 의해 광범위하게 자행된 반인도적 범죄행위에 대해 일본군 위안부 피해자들이 일본에 대해 가지는 배상청구권은 헌법상 보장되는 재산권일 뿐만 아니라, 그 배상청구권의 실현은 무자비하고 지속적으로 침해된 인간으로서의 존엄과 가치 및 신체의 자유를 사후적으로 회복한다는 의미를 가지는 것이므로, 그 실현을 가로막는 것은 헌법상 재산권 문제에 국한되지 않고 근원적인 인간으로서의 존엄과 가치의 침해와 직접 관련이 있어, 침해되는 기본권이 매우 중대하다'고 밝혔다.
또 하나는, 2012년 5월 25일 대법원이 일제 강점기 강제 징용 피해자 이모(86세) 씨 등 5명이 일본 (주)미쓰비시 중공업을 상대로 제기한 손해배상청구소송 상고심에서, '일본 기업은 일제 강제 징용 피해자에게 배상 책임이 없다'는 일본 법원의 판결은 대한민국 헌법에 위반한다며 판결 효력을 부인했다. 또한 재판부는 '1965년에 체결된 한·일 청구권협정은 양국 간의 재정적·민사적 채권, 채무관계를 정치적 합의에 의해 해결하기 위한 것으로, 협정에 의해 일본 정부가 대한민국 정부에 지급한 경제 협력 자금은 권리 문제의 해결과 법적 대가 관계가 있다고 보기 어렵다'며 '일본 정부는 식민 지배의 불법성을 인정하지 않은 채 강제 동원 피해의 법적 배상을 원천적으로 부인했고, 한국과 일본 양국 정부는 일본의 한반도 지배의 성격에 대해 합의에 이르지 못한 점 등을 비추어보면 이 씨 등의 손해배상청구원 등 개인청구권은 청구권협정으로 소멸하지 않았음은 물론이고, 대한민국의 외교적 보호권도 포기되지 않았다고 봄이 상당하다'고 설명했다.—옮긴이

세계 근대사에서 수많은 식민지 지배나 침략 행위를 상기하고 우리 나라가 과거에 행한 이러한 행위나 타 국민, 특히 아시아 여러 나라 국민에게 준 고통을 인식하고 깊은 반성의 뜻을 표명한다.

이 대목의 전반부(강조 부분)는 원래 문안에는 없었습니다. 결의 직전, 강경한 반대파에 타협해서 덧붙여진 것입니다. 그 의미는 '식민지 지배나 침략 행위를 한 것은 우리만이 아니다'라는 것입니다. 왜 '깊은 반성의 뜻'을 표하기 위한 결의문에 굳이 이런 문구를 덧붙여야 합니까? 그래서 일본은 진정으로 반성하고 있지 않다고 피해자 측이 계속 의심하는 것입니다. 실제로 이러한 경위는 한국이나 그 밖의 아시아 여러 나라에 모두 보도되었기 때문에 어렵게 성사된 사죄 결의가 오히려 불신을 키우는 결과가 되었습니다.

이 결의가 있었던 1995년 8월 15일, 무라야마 도미이치(村山富市) 수상이 일본 정부로서는 처음으로 '식민지'라는 말을 공식적으로 사용하며, 매우 간단하게나마 사죄했습니다.

우리 나라는 멀지 않은 과거의 한 시기에, 국가 정책을 그르쳐서 전쟁의 길로 나아가, 국민을 존망의 위기에 빠트리고, 식민지 지배와 침략으로 많은 나라들, 특히 아시아의 여러 나라 여러분들에게 다대한 손해와 고통을 주었습니다. 저는 미래에 잘못이 없도록 하기 위해 의심할 여지도 없는 이와 같은 역사의 사실을 겸허히 받아들이고, 여기서 다시 한번 통절한 반성의 뜻을 표하고 진심으로 사죄의 마음

을 표명합니다.(일부)

이 발언을 큰 진전으로 보는 사람도 있는데, 사실 식민지 지배라는 말을 사용하긴 했지만 누구에 대한, 어떤 지배였는지, 책임은 누구에게 있는지는 애매한 상태 그대로였습니다. 기자회견에서는 천황의 책임이 있는지에 대해 질문을 받고, 그 자리에서 '없다'고 대답했습니다.

또 국회 답변에서는 (병합 조약은) '결코 평등한 입장에서 체결된 것은 아니라는 것을 상정할 수 있다'면서도 '법적으로 유효', 즉 도의적으로 문제가 있었을지 모르나 법적으로는 문제가 없다는 일본의 입장을 재차 확인했습니다. 불법은 아니었기 때문에 배상 책임이 없다는 입장은 지금도 바뀌지 않았습니다.

1998년 한국의 김대중 대통령이 일본에 왔을 때 했던 공동 선언에는 이렇게 기록되어 있습니다.

> (오부치(小渕) 수상이) 우리 나라(일본)가 과거 한 시기에 한국 국민에게 다대한 손해와 고통을 주었다는 역사적 사실을 겸허히 수용하고, 이에 대해 통절한 반성과 진심의 사죄를 한다고 말했다.

여기에는 '한국 국민에게'라고 명기되었을 뿐 조선 민족 전원을 의미하지 않았고, 재일조선인 또한 들어 있지 않습니다.

2002년, 고이즈미(小泉) 수상이 북조선의 평양에 가서 김정일 국방위원장과 공동 성명으로 조일평양선언을 발표했을 때 처음으로 북조선에 대해 사죄했습니다.

> 일본 측은 과거의 식민지 지배로 인해 조선 사람들에게 다대한 손해와 고통을 주었다는 역사의 사실을 겸허히 받아들이고, 통절한 반성과 진심의 사죄의 마음을 표명했다.(평양선언의 일부)

이것은 큰 진전이었지만 북조선 정부가 일본인 납치*를 인정했기 때문에, '북조선은 테러리스트 국가'라는 목소리가 일본에서 들끓어, 국교 정상화 교섭은 이루어지지 않은 채 오늘날에 이르고 있습니다.

나아가야 할 '앞'을 생각한다

민주화된 한국의 김영삼 정권, 김대중 정권의 사람들은 군사 정권 시절에 압박받아온 사람들입니다. 그들은 일본을 중요한 경제적 파

---

* 1970~1980년에 일본에서 발생한 다수의 행방불명 사건이 북한과 연루되어 북일간 외교 현안이 되었다. 일본은 북한이 공작원들의 일본인화 교육을 위해 이들을 납치한 것으로 보았다. 특히 1987년 대한항공 여객기 폭파범 김현희가 자신의 일본어 교육을 담당했다고 증언한 '이은혜'라는 여성이 1978년 행방불명된 다구치 야에코(田口八十子)라는 주장이 제기되면서 본격적으로 외교 문제가 되었다.
북한은 납치 사실을 계속 부정해왔으나, 2002년 9월 평양에서 열린 북일정상회담을 위해 고이즈미 일본 총리가 방북했을 때, 김정일 국방위원장이 사실을 시인했다. 당시 북한은 일본인 13명의 납치 사실을 인정하고, 공식 사과와 함께 재발 방지를 약속했다.—옮긴이

트너로 생각했기 때문에 그다지 강한 요구는 하지 않았지만, 국내에서는 이 문제를 흐지부지한 채로 둘 수 없었습니다. 그래서 도의적으로는 일본에 항의했지만 물질적, 금전적인 요구는 하지 않는 입장을 취했고, 그 때문에 식민지 문제에 대해 새로운 움직임은 없었습니다.

2005년, 노무현 대통령은 삼일절 기념식 연설에서, 우리는 과거의 문제를 다시 한번 직시하고 교훈으로 삼아야 한다는, 일본에 대한 비판적인 발언을 했습니다. 이하에 그 일부를 소개하겠습니다.

저는 그동안의 양국 관계 진전을 존중해서 과거사 문제를 외교적 쟁점으로 삼지 않겠다고 공언한 바 있습니다. 그리고 이 생각은 지금도 변함이 없습니다. 과거사 문제가 제기될 때마다 교류와 협력의 관계가 다시 멈추고 양국 간 갈등이 고조되는 것이 미래를 위해서 도움이 되지 않는다고 생각했기 때문입니다.

그러나 우리의 일방적인 노력만으로 해결될 수 있는 일이 아닙니다. 두 나라 관계 발전에는 일본 정부와 국민의 진지한 노력이 필요합니다. 과거의 진실을 규명해서 진심으로 사과하고 배상할 일이 있으면 배상하고, 그리고 화해해야 합니다. 그것이 전 세계가 하고 있는 과거사 청산의 보편적인 방식입니다.

저는 납치 문제로 인한 일본 국민의 분노를 충분히 이해합니다. 마찬가지로 일본도 역지사지해야 합니다. 강제 징용에서 일본군 위안부 문제에 이르기까지 일제 36년 동안 수천, 수만 배의 고통을 당한 우리 국민의 분노를 이해해야 할 것입니다.(이하 생략)

솔직하게 일본 정부에 반성을 촉구하면서 동시에 과거의 역대 한국 정부의 해결 노력 부족에 대해서도 한 발짝 다가가서 인정한 점에서, 이 발언은 많은 한국 국민의 마음을 닮은 것이었다고 생각합니다. 이런 솔직함이 진정한 화해와 문제 해결을 위해 필요할 것입니다.

그러나 그 후, 2008년에 취임한 현재의 이명박 대통령은 다시 이전과 같은, 일본과의 협조 노선으로 전환했습니다. 일본 언론은 노무현 시대에는 한일 관계가 삐걱거렸지만 앞으로는 원활해질 것이라며, 노무현 대통령의 퇴임을 환영하는 보도를 했습니다.

이렇게 해서 일본의 식민지 시대가 끝난 1945년부터 70년 가까이 지난 지금도 식민지 지배 문제는 한일 양국 사이에서 청산되는 일이 없었고, 따라서 재일조선인 문제도 흐지부지한 상태 그대로입니다.

'지금부터는 경제 우선의 시대이다. 언제까지 과거에 얽매어 있을 수는 없다'는 사고방식을 한국에서는 '미래 지향'이라고 합니다. 이명박 정권도 이런 입장을 취하고 있습니다.

일본에서도 '과거에 집착하지 말고 앞을 향해 가자', '과거에 대해서만 이야기하고 있으면 앞으로 나갈 수 없다' 등 비슷한 말들을 많이 합니다. 그런데 '앞'이란 무엇입니까? 어디가 '앞'일까요? '미래 지향'이란 그런 것들을 깊이 생각하지 않으려는 '사고 정지'의 표어라고 생각합니다. 과거를 뒤돌아보지 않는 것이 좋다는 생각은, 좀 어려운 말이지만 반(反)역사주의입니다. 우리가 오늘날처럼 살고 있는 것은, 어떤 사회적 관계나 역사의 결과인가 하는 것을 인식하지 않고서는, 과거 문제를 해결하고 미래로 나아가는 길을 발견할 수 없습니다.

일본인에게 조선의 문제는 옛날 일이나 남의 일처럼 보이지만, 사실 오늘날 일본의 성립에 깊숙이 관련된, 자기 자신의 문제입니다. 재일조선인이라는 존재는 그것을 잊지 않도록 하는 산증인과 같다고 할 수 있습니다. 재일조선인과 만났을 때, 이 사람은 왜 여기에 있는지 생각하고, 그것을 알려고 하는 것만으로도 일본의 역사가, 특히 교과서에서 가르쳐주지 않은 역사가 보입니다. 그것이 현재의 자신과 어떻게 연결되어 있는지를 아는 것이, 앞으로 당신이 나아가야 할 '앞'을 생각하기 위해 필요합니다.

재일조선인을 소개합니다   04

남모를 고민을 안고 사는 수많은 재일조선인 중 한 사람, 시인을 닮은 여학생에게

당신을 어떻게 불러야 좋을지 모르겠어서 Y씨라고 하겠습니다.

Y씨, 당신은 1990년대 중반, 도쿄의 어느 사립 대학에서 저의 강의를 들은 적이 있지요. 저는 그때, 학기말 리포트에 당신이 쓴 내용을 잊을 수 없습니다.

'「하늘과 바람과 별과 시」의 시인 윤동주와 나의 본명의 성이 같다……'

리포트는 그렇게 시작되었습니다. 저는 그해, 윤동주의 시를 교재로 강의를 했습니다. 그 시집에는 식민지 시대에 후쿠오카 형무소에서 목숨을 빼앗긴 시인의 청초한 초상도 실려 있었습니다. 당신은 거울을 보면 자신의 외까풀 눈이 어딘가 시인의 눈과 닮았다고도 썼습니다. 그런 식으로 당신은 저와 같은 재일조선인임을 털어놓았지요. 당신의 문장을 읽어 내려가며 저는 수업을 한 보람이 있었다고, 살짝 기쁨을 느꼈습니다.

그러나 현재 내가 ○○○○라는 통명으로 살고 있는 것은, 이 문제에서 도망친 것을 나타내고 있는지 모른다. 일본인에게 적잖이 열등감을 느끼며, 일본에서 편히 살려고 이름에 거짓말을 하며 살고 있는 것도, 우습지만 사실이다. 그러나 이름이 거짓이라도, 외견이 거짓이라도 나의 인간성을 인정해주고, 어떤 거리감도 없이 어울려주는 사람들이 있다. 지금까지 속였던 것을 털어놓아도 변함없이 사랑해줄 사람들이 있다.

Y씨, 저는 당신이 누구인지 잘 몰랐습니다. 윤동주를 닮은 여학생의 모습을 기억 속에서 찾았지만 발견하지 못했습니다. 한 학기에 약 300명이나 되는 수강생이 있어서, 특별한 사정이 없으면 한 사람, 한 사람을 기억하는 것은 쉽지 않습니다.

왜 1년 간의 강의 중, 한 번도 저를 찾아오지 않았나요? 주눅이 들어 말을 걸 수 없었을까요? 당장이라도 만나서 이야기할 수 없을까 생각했지만 이미 학기말이 지나고 당신은 졸업을 해서 저의 손이 닿는 범위를 벗어났습니다. 저는 너무나 안타까운 마음이었습니다.

조선, 조금도 나쁘지 않다
Y씨, 왜 당신이 마치 죄지은 사람처럼 몸을 움츠리고 살아야 할까요? 일본인에게 열등감을 느끼는 것, '거짓 이름'으로 살지 않으면 안 된다고 믿는 것은 모두 근거 없는 것입니다. 당신은 지

금까지 그것을 제대로 배울 수 없었던 것이지요. 그리고 많은 일본인 속에서 고립되는 것이 무서워 견딜 수 없었겠지요. 그 마음을 저는 잘 압니다. 우리 재일조선인 모두가 늘 경험하는 일이니까요.

Y씨, 저에게 이야기하면 '정신 차려! 강해져!' 하는 식으로 질책당할 거라고 생각했을 수도 있겠군요. 분명 저는 당신이 더욱 강해지기를 바랍니다. 그러나 질책하지는 않습니다. 어렸을 때 저의 어머니는 이지메 당하고 집에 돌아온 저를 꼭 안아주며 "조선, 나쁜 게 아니야, 조금도 나쁘지 않아."라고 속삭여주셨습니다. 그 덕분에 주저앉을 것 같았던 저는 다시 일어설 수 있었습니다. 어머니는 그렇게 두 가지를 가르쳐주셨습니다. 저는 외톨이가 아니라는 것, 그리고 '조금도 나쁘지 않다'는 것입니다. Y씨, 저는 어머니가 가르쳐주신 것을 당신과 나누고 싶었습니다.

고통스러워해야 하는 것은 당신이 아니다

'변함없이 사랑해줄 사람들이 있다'고 썼지요. 그런데 그 문장에서 억누를 수 없는 불안이 엿보이는 것 같습니다. 당신이 재일조선인인 것을 모르는 채로는 '사랑해준다'고 해도 그것이 진정한 사랑은 아니겠지요?

당신이 본명으로 살지 않은 것에 대해 책임을 느껴야 하는 것은 당신이 아니라, 당신의 주변 사람들 아닐까요? 그 사람들이 악의까지는 아니라 할지라도, 무지나 무관심 때문에 당신에게 부담을 강요한 것을 반성하지 않은 채, 진정으로 사랑할 수 있을까요?

당신은 일본 사회 안에서 모래알처럼 고립되어, 친한 사람들에게 거짓말을 하고 있다는 죄의식에 괴로워하며 살아가는 것이 됩니다. 당신의 어깨에 그런 무거운 짐을 지운 사람들, 타자를 차별하고, 지배하고, 그것을 반성하지 않고, 지금까지 무관심한 사람들이야말로 책임을 져야 한다고 생각합니다.

그로부터 15년 이상 지났습니다. 당신은 지금 30대 후반이 되었겠군요. 잘 지내나요? 어딘가에서 이 책을 읽어준다면 기쁘겠습니다.

제3부

전하고 싶은 이야기 2

차별 없는 사회를 향하여

차별 없는 사회를 향하여

제가 이 책의 집필을 수락한 가장 큰 이유는, 일본이 차별 없는 사회가 되기를 바라는 마음에서였습니다. 누구도 차별받지 않고, 차별하지 않는 사회, 그런 사회는 가능할까요? 꿈같은 이야기라고 생각하는 사람도 많겠지요. 그러나 우리 모두 처음부터 포기해버린다면 미래는 암흑입니다. 차별당하는 사람뿐만 아니라 차별하는 사람에게도 어두운 미래입니다.

차별 같은 것은 나와 상관없다고 생각합니까? 그러나 이 사회에는 차별 때문에 고통받는 사람이 많이 있습니다. 피부색이나 외모가 다르다, 가난하다, 학력이 낮다, 여자다, 심신에 장애가 있다, 나라나 문화가 다르다, 그 밖에 다양한 이유를 붙여서 '저 녀석은 다르다'며 사람이 사람을 차별합니다.

'다름'과 '우열'은 원래 완전히 별개입니다. 예를 들면 조선 여성의 전통적인 앉는 방식은 한쪽 무릎을 완만하게 세우고 앉아, 넓은 치마로 다리를 덮는 것입니다. 이것은 일본 여성의 정좌와는 완전히 다르지만, 어느 쪽이 우수한 것은 아닙니다. 또 일본인은 보통 밥공기를 왼손에 들고, 오른손으로 젓가락을 사용해 음식을 먹지만, 조선인은 그릇을 테이블 위에 놓은 상태에서 숟가락을 사용해 먹습니다. 이것도 '다름'에 지나지 않습니다. 그러나 과거에는 조선인의 앉는 방식이나 먹는 방식이 야만적이라고 하여, 조선인은 문명화에 뒤처졌다는 주장의 근거로 사용되던 시대가 있었습니다. 그리고 지금도 그런 사고방식은 없어지지 않았습니다.

머조리티는 자신들에게 '보통'인 것을 '올바르다'고 생각하고, 그것과 '다른' 것을 '열등하다'고 생각하는 버릇이 있습니다. 완전히 자기중심적인데, 자신밖에 보이지 않는 사람들은 이런 사고방식에 빠지기 쉽습니다. 그것이 차별의 근거가 되는데 정치를 움직이는 힘을 가진 사람들이 종종 일반인들의 이런 차별 감정을 식민지 지배나 전쟁에 이용하려고 합니다.

당신도 '차별은 안 된다'는 것을 머리로는 알고 있지만 자기도 모르는 사이 남을 차별하는 입장에 서 있을지 모릅니다.

마이너리티는 차별에 대해 항의하거나 개선을 요구해도 그 숫자가 적거나 아무런 권한이 없기 때문에 머조리티가 좀처럼 귀를 기울여주지 않습니다. 마이너리티의 마음이나 바람을 알기 위해서는 머조리티가 특별한 민감함을 가지고 그 목소리를 들으려고 해야 합니다.

마이너리티란 그저 단순히 사람 수가 적다는 것만은 아닙니다. 일본에서는 남녀평등을 정한 오늘날의 헌법이 공포되기 이전에 여성에게 참정권이 없었습니다. 고작 약 65년 전, 즉 여러분의 할아버지나 할머니가 태어났을 무렵만 해도 '여자는 집에 있으면 된다, 정치에 참견하지 마라'는 생각을 많은 사람들이 당연하게 갖고 있었습니다. 여성은 참정권이 없었기 때문에, 이런 차별을 불공평하다고 호소하거나, 시정을 요구할 기회조차 갖지 못했습니다. 이러한 경우 여성은 마이너리티, 남성은 머조리티가 됩니다.

남아프리카공화국에서는 오랫동안 아파르트헤이트(인종 격리) 정책이 시행되었습니다. 원래부터 이 땅에 살던 사람들(흑인이라고 불리는 사람들)의 인권이 인정되지 않았고, 유럽에서 온 백인들이 정치나 경제의 특권을 독점했습니다. 이 경우에는 흑인이 백인보다 그 수가 더 많지만 흑인이 마이너리티가 됩니다. 남아프리카 사람들의 끈질긴 투쟁에 전 세계의 항의가 더해져, 이 차별 정책은 마침내 폐지되고, 1994년의 선거에서 처음으로 모든 인종에게 평등한 선거권이 인정되었습니다. 그 결과 인종차별 반대 운동의 지도자였던 넬슨 만델라가 대통령으로 선출되고, 이 나라는 다시 태어났습니다.

차별 정책의 가장 대표적인 예가, 과거 나치 독일이 행한 것입니다. 1933년에 아돌프 히틀러가 이끄는 나치 당이 독일의 정권을 잡은 이후 1945년 제2차 세계대전이 끝날 때까지, '유대인'이라고 불리는 마이너리티가 유럽 전역에서 추계 약 600만 명이나 학살당했습니다. 나치 시대에는 이들 유대인뿐 아니라, 다수의 '신티와 로마 민족'(과거에는 집시로 통칭되었지만 이 호칭이 차별적이라고 해서 최근에는 사용되지 않습니다.), 장애인, 동성애자 등도 학살당했습니다.

이러한 정책이 실행된 원인은 나치라는 한줌의 악당이 폭력으로 다수의 사람들을 지배했기 때문이 아닙니다. 그보다는 희생당한 마이너리티에 대한 차별 의식을 많은 사람들이 갖고 있었기 때문이라고 할 수 있습니다. 나치의 행위는, 전쟁이 끝난 후 '인도에 반하는 범죄'로 정의되었습니다. 유엔의 세계인권선언이 발포되고 인종차별 금지조약 등이 제정된 것도, 이와 같은 비인도적인 범죄가 두 번 다시 일어나지 않도록 하려는 절실한 마음에서였습니다. 그러나 유감스럽게도 지금도 여전히, 세계 도처에서 이와 비슷한 비인도적인 범죄나 사건이 끊이지 않고, 그 배경에 있는 차별도 없어지지 않고 있습니다.

여러분이 살고 있는 일본은 이런 일들과 무관한 사회일까요? 재일조선인에 대해 알아가는 가운데 여러분이 가장 깊이 생각해주기를 바라는 것이 바로 이 점입니다.

노르웨이 난사 사건

2011년 3월 11일에 동일본대지진이라는 사건이 일어났기 때문에, 이 책도 그 화제로 시작했지만, 그와는 별도로 큰 사건이 7월 22일에 일어났습니다. 노르웨이에서 일어난 건물 폭발, 총기 난사 사건입니다.

32세의 용의자 아네르스 브레이비크(Anders Breivik)는 수도 오슬로(Oslo)의 정부 청사에서 폭탄을 폭발시킨 후, 오슬로에서 가까운 우퇴위아(Utøya) 섬에서 열리고 있던 노동당 청년부 집회에 가서 집회에 참가한 10대와 20대 젊은이들을 향해 총을 난사해, 약 70명을 죽인 것입니다. 여당, 노동당의 관용 정책에 대한 불만에서 폭파 테러와 총기 난사를 했다고 보도되었습니다. 관용 정책이란, 자국에 가능한 한 외국인을 받아들여 공존해가자는 정책인데 이에 반발하는 사람의 외국인 혐오(제노포비아)가 극단적이고 폭력적인 형태로 분출된 것입니다.

제가 본 TV 보도에서는 당시 사건 현장에 있던 사람들의 인터뷰를 내보내고 있었습니다.

3명의 젊은이가 인터뷰를 했는데, 모두 피부색이 진했습니다. 피부가 희고 키가 크고 금발이라는, 우리가 가진 북유럽인의 이미지와는 달리, 인도나 파키스탄 등의 남아시아계, 또는 이란이나 이라크 등의 중동계로 보였습니다. 그들도 노르웨이 사회의 시민이고 여당 청년부에 소속되어 있을 정도니, 그중에는 언젠가 정치 활동을 하고자 하는 사람도 있겠지요.

용의자는 자신의 인터넷 사이트에 '이슬람교도를 타도할 십자군을 행하기 전에, 우리는 문화마르크스주의를 멸망시킬 의무가 있다'는 글을 넣어서 '다양성보다 단일성을' 주장하는 성명을 공표했습니다. 다양한 사람들로 구성되는 사회를 거부하고 같은 외모, 같은 문화, 같은 종교를 가진 '우리'만으로 똘똘 뭉친 사회를 만들고자 한 것입니다. 그가 '문화마르크스주의'라고 부른 것은 혈통, 민족, 전통문화, 고유의 언어보다 사회성, 공공성, 다양한 가치관을 허용하는 것을 중시하는 사고방식으로, 그는 그것에 대해 투쟁을 결의한 것입니다.

여기에 나타나 있는 것은, 다양한 사회를 지향하는 생각과 단일한 사회에 집착하는 생각 사이의 극심한 대립입니다. 현재 노르웨이 인구는 500만 명이 조금 안 되는데 그중, 소위 말하는 외국계 시민이 50만 명으로, 인구의 1할 정도를 외국인이 차지하고 있습니다.

오슬로에는 제 친구도 살고 있습니다. 러시아 출신인 그는 한국 여성과 결혼하여, 한국 국적을 취득했고 이 부부의 아이는 오슬로에서 초등학교를 다니고 있습니다. 즉 이들 가족은 출신 민족으로 보나 국적으로 보나 완전히 '외국인'입니다. 그 친구는 언제나 노르웨이가 얼마나 살기 좋은 사회인지 이야기했습니다. '이방인', '외국인'이라고 차별받거나 억울하고 화나는 경험을 한 적이 없다고 명확히 말하며, '단일성'을 당연시하는 일본 사회나 한국 사회와 비교해 '다양성'을 중시하는 노르웨이를 높이 평가했습니다. 노르웨이는 여성이나 마이너리티의 권리 옹호라는 면에서도 세계에서 가장 앞선 나라 중 하나로, 우리가 지향해야 할 관용적인 사회의 모델이었던 나라입니다. 그런 나라에서 이와 같은 사건이 일어난 것입니다.

보통 브레이비크 같은 생각을 가진 사람들을 극단적인 우파라는 의미로 '극우'라고 부릅니다. 2차대전이 끝나고, 나치 독일이 패배한 후에도 유감스럽지만 전 세계에 극우들은 존재하고, 계속 활동하고 있습니다. 대부분의 유럽인들은 극우를 지지하지 않습니다. 나치의 유대인 학살이라는 경험에서, 그와 같은 일이 재현되는 것을 두 번 다시 허용해서는 안 된다는 데 많은 사람들이 동의하기 때문입니다. 정치가나 사회 지도층이 노골적으로 극우적인 언동을 하면 통상 큰 비판을 받습니다.

또 유럽은 나라들 사이의 경계를 낮춰서, EU(유럽연합)라는 공동체를 형성해왔기 때문에 '우리'만의 단일성을 강조하는 생각은 현실에도 맞지 않습니다.

현재는 유럽뿐 아니라 전 세계에서 '사람, 물자, 돈'이 국경을 넘어 유통되는 시대로, 어느 나라도 과거처럼 '쇄국'을 하며 자기들끼리 살아가는 것은 불가능합니다. 세계 다른 지역에서 물자를 수입하고 수출하는 이상, 사람에 대해서만 문을 닫는 것은 불가능합니다. 더욱이 유럽같이 저출산이나 고령화가 진행된 사회(일본도 마찬가지)에서는, 다른 지역에서 노동력을 받아들이지 않으면 사회가 유지될 수 없는 시대가 되었습니다.

이렇게 이성적으로 생각하면 '단일성'에 집착하는 극우의 생각은 비현실적이지만, 사람들의 마음속 깊은 곳에는 '이방인'을 혐오하거나 적대시하는 의식이 뿌리 깊이 숨어 있어, 조건이 충족되면 억눌려 있던 그 의식이 고개를 듭니다. 머리로는 '다양성'의 가치를 인정하는 사람들도, 경기가 나빠져 실업자가 증가하는 등, 살기 어렵거나 앞날에 불안을 느끼면, 무의식중에 그 불안의 분출구가 '이방인'을 향하게 됩니다. '이방인'은 마이너리티라서 그런 식으로 비난받고 공격당해도 충분히 반론하거나 반격할 수 없는 입장이기 때문입니다. 반격하기 어려운 상대를 공격하는 것은 쉽게 말해 '약자 이지메'입니다. 자기 불안을 해소하기 위해 '약자 이지메'를 하는 사람이 여러분 주위에도 있지 않습니까?

브레이비크는 인터넷에 공개한 성명에서, 일본은 "다문화주의를 거부해서 경제 발전을 이뤘다."고 절찬했습니다.(《아사히 신문》 2011. 7. 25) 이런 발언을 보면 어떤 의미에서 학구적인 사람이라 일본을 잘 안다고도 할 수 있겠습니다. 일본에서는 도쿄 도지사를 비롯해 극우적인 언동을 하는 사람들이 정치의 중심부에 있습니다. 우리는 노르웨이 사회를 다양성의 모범이라 보는데, 얄궂게도 브레이비크는 일본 사회의 단일성을 모범으로 대량 사살 사건을 일으킨 것입니다.

이 뉴스를 접했을 때, 여러분은 어떤 생각을 했습니까? 저는 노르웨이 사회의 마이너리티들이 얼마나 무서울까 상상했습니다. 저의 친구나 그 가족들은 얼마나 놀랍고, 또 불안할까요.《요미우리 신문(讀賣新聞)》은 소말리아 이민자 아흐메트 하라 씨의 목소리를 소개했습니다. "이 나라에 브레이비크 같은 인간이 분명히 어딘가 있을 것이다. 내가 테러의 표적이 될지도 모른다. 너무 무섭다."(2011. 7. 27)

이 책에서 말한 것처럼 과거 일본이 대일본제국이라는 '다민족국가'였던 시대에는, 내부적으로 '민족의 우열'에 의한 차별이 행해졌습니다. 그러다 패전 후에는 '일본은 일본 민족만의 국가'라는 '단일민족 국가'로의 변신을 꾀했습니다. 민족의 우열을 바탕으로 한 제도적인 차별은 확실히 없어진 것처럼 보이지만, 실은 차별 대상이었던 민족(조선인이나 중국인 등)을 '국민'이라는 틀 밖으로 쫓아낸 것뿐입니다. '국민'은 권리를 누릴 수 있지만 '국민'이 아닌 자에게는 권리를 인정하지 않는다는 입장입니다.

국가에 속하지 않는 것(난민이 되는 것)은 실생활에 불이익을 줄 뿐 아니라 정신적인 고통이 됩니다. 그러나 어느 나라에 속하는 '국민'이 아니면 인권을 보장받을 수 없다는 것은 이상한 일이 아닙니까? 인권은 제한된 사람에게만 보장되는 특권이 아닙니다. 인간은 '어느 나라 국민이든 평등'해야 하지만, 더욱이 '국민이든 아니든 평등'해야 합니다. 그것이 세계인권선언을 비롯해, '유엔난민조약' 등의 국제 조약이 내걸고 있는 이념입니다. '국민'인 여러분이 '국민'이 아닌 사람들의 권리에 무관심하다면 이러한 이념은 언제까지나 공염불인 채로 남아 있을 것입니다.

국가와 인간

중요한 것 한 가지를 더 이야기하고자 합니다. 바로 아이덴티티가 국가로부터 주어진 상태는 여러분 자신에게 위험하다는 사실입니다.

아이덴티티를 '애국심'으로 번역하여, '아이덴티티를 확고히 한다'는 것을 '나라를 사랑하는 마음을 갖게 한다'는 의미라고 주장하는 사람들이 있는데, 그것은 잘못된 이해입니다. 그런 사람들은 개인과 국가라는 조직은 끊으려야 끊을 수 없는 관계(운명 공동체)라고 믿습니다. 모두가 그렇게 생각하면, 누구도 국가의 명령에 거역할 수 없게 되고, 국가가 잘못된 일을 해도 비판할 수 없게 됩니다. 전쟁 중에는, 전쟁에 반대하는 사람들에게 '비국민'이라는 낙인을 찍어 탄압했는데, 그런 일이 일어나게 되는 것입니다.

실제로 국가라는 것은 인간들이 조직하고 운영하는 기구로, 어떤 조직이든 마찬가지지만 국가도 잘못하는 일이 있고, 당신을 억압하는 일도 있다는 것을 역사가 가르쳐주고 있습니다. 국가에 자신을 내맡기면, 경우에 따라서는 타자를 해칠 뿐 아니라, 자신도 큰 피해를 입을 수 있습니다. 국가가 부여하는 대로가 아니라 자기 스스로 아이덴티티를 갖고자 하는 태도는 어려운 일이지만 자율적인 인간으로서 책임감을 갖고 자신의 운명을 개척하기 위해 꼭 필요합니다.

젊은 재일조선인들은 저와 이야기할 때면, 자주 "재일조선인이란 무엇입니까? 저는 도대체 누구일까요?"라며 아이덴티티에 대한 고민을 털어놓습니다. 그 질문에 저는 결코 '혈통'이나 '문화', '국적'이라는 기준을 사용해 대답하지 않습니다. 그런 기준은 머조리티가 자신을 정당화할 때 사용하는 기준이기 때문에, 그 기준으로 설명하려고 하면 국가라는 덫에 걸릴 수도 있습니다.

고민하는 젊은이에게 제가 전하는 대답은 이렇습니다. "나는 누구인가에 대해 끊임없이 고민하는 존재, 그것이 재일조선인이다. 머조리티에게는 그런 고민이 없다. 그러나 마이너리티의 고민에는 귀중

한 의미가 있다. 그것은 국가라는 것을 뛰어넘어 다음 시대를 통찰하는 인간이 갖는 고민이기 때문이다. 재일조선인이란 국가나 머조리티의 횡포에 복종하지 않는 인간을 가리킨다."

인간은 오늘날과 같은 국가(근대 국가)의 형태가 만들어지기 훨씬 이전부터 살아왔습니다. 근대 국가가 갖는 문제점이 극한까지 발휘된 것이 식민지 지배, 차별, 학살, 그리고 전쟁이라고 할 수 있습니다. 아마 근대 국가 시대가 끝난 후에도 인간들은 계속 살아가겠지요. 그것이 어떤 시대가 될까, 어떤 시대여야 하는가. 근대 국가 시대를 피해자로서 경험한 자(재일조선인 같은 존재)는 그런 미래의 모습을 인류 전체에 제안하는 위치에 서 있는 것입니다. 이는 괴롭지만 보람 있는 일이기도 합니다.

'재일조선인은 피차별자다'라는 정의는 틀리지 않지만, 이런 발언을 할 때는 사회적으로 주의가 필요합니다. 어떤 차별인가, 왜 그런 차별이 있는가를 이해하지 않고, 저 사람들은 '피차별자다'라고 정해버리면 '차별당하는 것이 당연한 사람들', '차별당할 만한 이유가 있는 사람들'이라는 애매한 사고가 굳어져, 차별이 더욱 심해질 우려가 있기 때문입니다.

재일조선인에게도, 자신이 피차별자라고 인정하고 싶지 않은 심리가 있습니다. 사회에는 차별당하는 사람들은 그럴 만한 이유가 있다고 생각하는 사람들이 있습니다. 차별당하는 사람에게도 또한 그런 심리가 있습니다. 여러분도 가만히 생각해보면 상상이 될 것입니다. 이지메 당하고 있을 때 그것을 친구나 선생님에게 이야기하는 것은 쉽지 않습니다. 자신이 이지메 당하는 사람이란 것을 인정하고 싶지 않기 때문입니다. 또 그것을 인정하면 설령 표면적인 이지메는 없어진다 해도 '이지메 당하는 아이'라는 낙인이 찍힌 채 살아야 한다는 두려움이 있기 때문입니다. 이 때문에 차별받는 사람은 오히려 약한 존재라고 인식되고 싶지 않은 심리, 다돌림당하고 싶지 않은 심리에서 '차별 같은 거 받지 않아요'라며 태연한 척하는 것입니다. 그리고 그 때문에, 차별이 더욱 보이지 않게 되어버립니다.

차별받고 있다는 것을 당사자가 표명하는 것은 어려운 일입니다. 그렇기 때문에 목소리를 내지 못하는 사람들을 대신해 저 같은 사람, 즉 어느 정도 나이를 먹고 대학에서 가르치거나 책을 쓸 기회를 가진 사람이 더 분명한 목소리로 재일조선인은 피차별자라고 말해야 한다는 것입니다.

젊은 사람들의 피해 의식

식민지 지배란 한 민족이 다른 민족을 지배하는 것을 뜻합니다. 그것은 상대가 자기보다 열등하다는 생각 없이는 불가능한 일입니다. 우수한 자신들이 열등한 상대를 이끌어준다는 생각이 핑계가 되기 때문입니다.

일본은 조선을 식민지 지배했던 역사를 정면으로 마주하지 않고 애매하게 해결해왔습니다. 자국이 다른 나라들을 낮추어 보고, 토지나 자원을 빼앗고, 저항하는 자를 잡아 가두거나 죽인 사실을 학교에서 제대로 가르치지 않았습니다. 오히려 어린이들에게 일본인의 '긍지나 애국심'을 가르쳐야 한다고 주장하는 사람들이 권력을 잡았습니다. 그러나 과거에 실제로 저지른 잘못, 현재도 계속되고 있는 차별에서 눈을 돌리는 것이 '긍지'로 이어질까요? 자국의 잘못을 직시하고, 타자와의 관계를 올바르게 만들어가는 것이 진정한 자긍심이라고 생각하는데 여러분은 어떻게 생각합니까?

식민지 지배의 역사에 관한 일본인의 심리에서 반드시 지적해야 할 것은, 일본인에게 일종의 피해자 의식이 있다는 것입니다. 일본은 사회 전체적으로 보면 가해자임에도 불구하고, 개개인에게는 '나는 조선인이나 중국인에게 친절하게 해주었는데 배신당했다'든지, '조선에서 재산을 모았는데 전부 두고 왔다'는 등 '나야말로 피해자다'라는 의식이 전후 직후부터 보였습니다. 과거의 군인이나 식민자 등이 퇴장하고 세대가 바뀌면, 사람들의 의식도 바뀔 것이라고 말하는 사람들이 있었지만 그렇게 되지는 않았습니다. 특히 1990년대 이후 젊은 사람들 사이에, 일본은 피해자라는 의식이 강해졌습니다.

왜 그럴까 생각해보면, 1980년대까지 일본은 아시아에서 가장 크게 경제 성장을 이룬 나라라는 긍지와 자존심이 있었지만 중국이나 한국, 싱가포르 등의 나라들이 경제 발전을 이루면서 그런 입장이 흔들렸기 때문인 듯합니다. 1990년대에 전 일본군 위안부를 비롯해 전쟁 피해자들이 일본 정부에 사죄와 보상을 요구하는 움직임이 일어난 것도 배경이 되었겠지요.

앞에서도 잠깐 언급했는데, 위안부란 전쟁 중에 일본군이 전쟁터에 데리고 가서 군인들의 성 노예 노릇을 시킨 여성들을 말합니다. 당시 일본 정부와 군은 이런 일을 정책적이고 조직적으로 했습니다. 게다가 조선이나 대만 등 약자 입장에 있는 식민지 여성들, 혹은 중국, 필리핀, 인도네시아 등의 전쟁 지역에서 모은 여성들에게 그런 피해를 주었습니다. '위안부'는 일본군이 편의대로 부른 명칭이고, 오늘날에는 국제적으로 '성 노예(sexual slave)'라고 부릅니다.

문제는 과거의 일본 정부나 군부가 이와 같은 비인도적, 반인권적인 정책을 시행했다는 것만이 아니라 패전 후에도 그 사실을 인정하려 하지 않고, 공식적인 사죄도 거부하고, 젊은이들에게 교육도 하지 않는다는 점입니다. 1990년대에 아시아 각지에서 전 위안부였다는 여성들이 잇달아 사실을 밝히고 나서자, 일본 정부도 마침내 1993년에 처음으로 내각 관방장관(국가의 기밀 사항, 인사, 회계 등의 총괄 사무를 담당하는 내각관방의 장.—옮긴이) 담화로 정부와 군의 관여를 인정했지만, 공식적인 사죄와 배상은 하지 않았습니다. 1990년대부터 전 위안부 중 수십 명이 일본 정부의 사죄나 배상을 요구하며 소송을 제기했지만, 결국 모두 패소로 끝났습니다. 이미 오랜 시간이 흘렀기 때문에 시효가 지났다든지, 1965년의 한일회담에서 청구권 문제는 해결되었다는 것이 이유였습니다.

일본 정부는 국가 차원의 공식적인 사죄나 배상을 피하고, 민간단체를 통해 피해 여성들에게 '사죄금'을 전달하는 사업을 실시했습니다. 그러나 이것이 '정부의 책임을 애매하게 한다'는 비판이 일어,

한국에서는 대부분의 피해자가 받기를 거부했습니다.

위안부 문제는 일본의 식민지 지배와 침략 전쟁이라는 역사가 지금도 결코 끝나지 않았다는 것을 나타내는 하나의 예에 지나지 않습니다. 그러나 많은 일본인들이 이러한 문제에 관심이 없고 지식도 없습니다.

전에 제가 가르쳤던 어느 학생의 감상문 일부를 소개하겠습니다.

> 냉정한 인간이라고 여겨질지 모르지만, 과거의 식민지 지배는 이미 어쩔 수 없는 것이 아닌가. 일본만이 책임자는 분명 아닐 것이다. 일본은 가해자이면서 동시에 피해자이기도 하다. 지금 전쟁 피해 보상을 요구하는 사람들 중 어느 정도가 생활도 안 될 만큼의 궁지에 몰려 있는가? 아마 그렇지는 않을 것이다. 우리 일본인의 생활도 걸려 있는 것이다.

이 말을 피해자가 들었다면 어떤 생각을 했을지 상상해봅시다. 기본 예의를 망각한 것이라고 분노한다고 해도 무리가 아니라고 생각되지 않습니까? 피해자는 '일본만이 책임자'라고 질책하는 것이 아니라, 일본 정부의 책임을 사실대로 인정하기를 요구하는 것입니다. 생활이 불가능할 정도로 궁핍하지는 않을 것이라는 말은 피해자가 돈을 목적으로 소란을 피우고 있는 것이라는 의미로 해석됩니다.

그러나 여기서 더욱 큰 문제라고 생각되는 것은, 앞에서 아이덴티티에 대해 말한 것처럼, 이 학생이 '일본'과 자신을 일체화하고 있다는 점입니다. 피해자는 이 학생을 비난하는 것이 아닙니다. 일본 정부에 대해 과거 일본이란 국가의 행위에 대해 사죄와 보상을 요구하는 것입니다. 그것이 이 학생에게는 자기 자신에 대한 비난으로 들리는 것 같습니다. 왜일까요? 이 학생도 국가에 의해 여러 가지 피해를 입을 수 있는데, 피해자와 연대해서 일본 정부에 반성을 촉구하고 아시아의 여러 민족과 화해해서 평화롭게 공존하는 것이 이 학생에게도 행복한 일일 텐데, 왜 그렇게까지 국가와 운명을 함께하려는 것일까요?

또 다른 학생의 글도 소개하겠습니다.

> 사람 중에 많은 것을 가지고 태어난 사람과 그렇지 않은 사람이 있는 것처럼, 국가라는 것도, 모든 국가가 평등한 기회를 부여받는 것은 있을 수 없다. '제비뽑기에서 운 나쁜 제비를 뽑는 일'은 국가와 국가 사이에도 있을 거라고 생각한다. 전쟁 책임을 추궁하려는 사람은 그런 사실을 받아들일 수 없는 것이라고 생각한다. 그러나 나는 그런 유형의 인간이 아니다.

여러분은 어떻게 생각합니까? 일본과 조선은 평등하게 '제비뽑기'를 해서 한쪽은 대박이 나고, 다른 쪽은 낭패를 본, 그런 관계일까요? 아닙니다. 일본과 조선은 침략하고 지배한 쪽과 그 피해를 당한 쪽의 관계입니다. 한쪽이 다른 쪽을 때린 뒤에 "너는 운이 없었다. 그렇게 생각하고 포기해라." 하고 요구한다고 해서 사이가 좋아질 리는 없겠지요. 게다가 전쟁 책임 문제는 개개인의 '유형'의 문제가 아닙니다. 진실을 밝히고 책임 소재를 명확히 하지 않는 한, 어떤 '유형'의 사람이든 똑같은 피해를 당합니다.

젊은 사람들이 이런 생각을 갖는 것은 자신은 알지도 못하는 일로 피해자들에게 비난받고 있다고 느끼기 때문일 겁니다. 식민지 시절이나 전쟁 시대를 살아온 사람들에게는 자신이 경험한 일이지만, 젊은 세대는 그런 역사를 배우지 못했기 때문입니다. 냉정하게 생각해보면, 젊은 세대를 위협하고 있는 존재는 아시아의 피해자들이 아니라 침략 전쟁이나 식민지 지배를 했으면서 제대로 사후 처리를 하지 않은 채 버티고 있는 윗세대인데, 그런 사실을 인식하기가 어려운 것 같습니다.

당사자인 세대가 직접 과거 행위를 솔직히 인정하고 '미안하지만 우리 세대가 남긴 부채가 여기 있다. 그것을 함께 짊어지고 가주기 바란다' 하고 젊은 세대에게 부탁하는 것이 이 문제의 유일한 해결책입니다. 그러나 윗세대는 젊은이들에게 역사의 진실을 가르치지 않고, 그 결과 그들이 품고 있는 '우리는 알지도 못하는 비난'이라는 감정을 자신들에게 유리한 것으로 해석하고는, 오히려 그 감정을 이용해서 자신들의 정당성을 주장하는 것입니다.

2부에서도 이야기했는데, 2002년 조일정상회담에서, 북조선 정부가 일본인 납치에 대해 인정하고 사죄한 일이 있었습니다. 많은 사람들이 이것을 계기로 양국 정부가 회담을 갖고, 문제를 해결하면서 국교를 맺기를 기대했지만, 현실은 그 반대였습니다. 일본 국내에서 북조선에 대한 비난이 높아지고, 냉정한 대화를 요구하는 목소리는 묻혔습니다. 그로부터 약 10년이 지났지만, 일본과 북조선 관계는 얼어붙은 채로 있습니다.

북조선에 대한 비난이 그렇게 높아진 이유 중 하나는, 많은 일본 국민이 그때까지 전쟁이나 식민지 지배의 책임을 계속 추궁 당하던 입장이 역전되어, 인도나 인권이라는 이름으로 상대를 비난할 수 있는 기회, 말하자면 일종의 '도덕적 우월성'을 손에 넣었다고 느꼈기 때문입니다. 그러나 이런 태도는 진정한 '도덕적 우월성'과는 거리가 멀고 문제 해결에도 도움이 되지 않는다고 생각합니다.

'식민지 지배'와 '납치 문제'는 양쪽을 저울에 달아 상쇄해버릴 수는 없는 사안입니다. 한 민족을 통째로 지배하고 착취한 역사는, 그 자체로 직시하고 극복해야 합니다. '저쪽도 이런 일을 했지 않은가'라는 말이 미해결된 문제를 상쇄하기 위해 이용되어서는 안 됩니다. 오히려 자신들의 책임을 명백히 하고, 거기서 도망치지 않는 자세야말로 상대에게도 '도덕성'을 요구하는 근거가 될 것입니다.

계속 차별하고 싶은 심리

차별 의식이란 머조리티가 자신이 이미 갖고 있는 특권(다른 사람을 배제하고 권리를 독점하는 것)을 정당화하는 심리입니다. 예컨대 자신들만 공무원을 할 수 있다는 것은, 자신들 이외의 사람들을 배제하는 것인데, 그런 특권을 정당화할 수 있는 것이 차별 의식입니다. 그래서 자신감을 잃고 자기의 특권이 위협받는다고 느끼게 되면 차별 의식이 강화됩니다.

차별에는 제도적인 것과 심리적인 것이 있어서, 이 두 가지는 상호작용을 합니다. 심리적인 차별이 없으면, 제도적인 차별은 오래 갈 수 없습니다. 또 제도적인 차별로 이득을 보는 사람, 혹은 실제로는 이득을 보지 않는데 보고 있다고 생각하는 사람들은 차별적인 심리를 계속 갖게 됩니다.

일본인 사이에서는 '일찍이 구미의 문화를 받아들여 문명개화를 이루고, 서양 열강에 합류할 수 있었던 일본'과, '낡은 사회 구조나 도덕관을 바꿀 수 없는 뒤처진 조선'이라는 대비 속에서 자신을 정당화하는 심리가 근대 초부터 있었습니다. 탈아입구(脫亞入歐, 뒤떨어진 아시아에서 벗어나 앞선 서구의 일원이 된다.)라는 생각이 그것입니다.

여기서 주의해야 할 것은, 이 일본인관(자신들은 뒤떨어진 '아시아인'이 아닌, 앞선 사람들이라는 의식)에 의해 모든 '일본인'이 행복해진 것도, 윤택해진 것도 아니라는 사실입니다.

이는 현재 원전 사고 때문에 고통받고 있는 후쿠시마 사람들을 보아도 명백합니다. 패전 전의 식민지주의 시대에도 장자 상속이라는 제도 때문에 농가의 차남이나 삼남은 논밭을 전혀 상속받지 못해 가난한 지역에서는 살기 위해 군대에 갈 수밖에 없었습니다. 그리고 아시아 각지의 전쟁터에 보내져 사람을 죽이게 되었고 또 이들 중 많은 수가 희생되기도 했습니다.

타자를 부정함으로써 자신을 긍정하는 사고방식 때문에, 자신도 피해를 당하는 입장임에도, 계속 차별 의식을 가지고 있는 사람이 적지 않습니다. 그 이유 중 하나는 '나보다 더 낮은 존재'를 마음속에 만들어, 그들보다는 내가 낫다고 자신을 위로하고 싶기 때문은 아닐까요. 차별 구조의 하위에 놓인 사람들이 자신을 차별하는 상위의 사람들을 향해 항의하고 저항하는 것이 아니라 더 하위에 있는 사람을 차별하고 공격하는 것, 그럼으로써 차별 구조 그 자체가 흔들림 없이 유지되는 것은 고금의 역사에 얼마든지 예가 있습니다. 여러분의 주위에도 이와 비슷한 일들이 있지 않나요? 불만이나 분노가 지배자를 향하지 않고, 아래로 아래로 향하는 구조만큼, 지배층에게 유리한 것은 없습니다. 이렇게 차별 구조는 그 구조 속에서 피해를 당하는 사람들로 하여금 피해를 자각하지 못하게 하는 장치이기도 합니다.

공무담임권을 예로, 차별 심리에 대해 생각해봅시다.

외국인이 공무원이 될 수 없는 것은 당연하다고 생각할지 모르겠습니다. 그러나 그것이 어떠한 경우에도 당연한 것일지 다시 한번 생각해보십시오.

또 이 질문과는 별도로, 이 책에서 상세히 이야기한 것처럼, 재일조선인은 왜 외국인이 되었는가 하는 문제도 있습니다. 재일조선인은 어떤 때에는 일본 국민이 되었다가, 또 다른 때에는 외국인으로 구분되었습니다. 그 때문에, 1952년 이전에는 공무원이었던 사람이 그 뒤에는 공무원이 아니게 되었습니다. 이것은 정당한 것일까요?

재일조선인 젊은이들이 구직 활동에서 어떤 곤란을 겪는지에 대한 문제를 다룬 「힘내라! 재일 3세의 취직(ガンバレ! 在日三世の就職)」(후지TV)이라는 다큐멘터리 방송이 있었는데, 저는 대학 수업에서 이 방송을 교재로 삼아 학생들과 함께 보았습니다. 이 방송에서는 오사카 시의 일반사무직 직원 시험을 보려다 두 번 거부당한 문공휘 씨가 3년째에 일반사무직이 아닌, 새롭게 만든 '국제'라는 전문직으로 겨우 시험을 볼 수 있었다는, 1990년 전후에 있었던 일을 다루고 있습니다. 이 방송을 본 뒤 학생들이 쓴 감상문을 소개하겠습니다.

> 저는 공무원이라는 업무의 성격상, 국적 문제에서 문 씨가 차별받는 것은 어쩔 수 없다고 생각합니다. 공무원은 국가나 지방의 지자체를 담당하고 있는데 재일조선인을 좋지 않게 생각하는 주민들은 그들이 공무원이 되는 것에 불쾌감을 느끼겠지요. 공무원과 주민은 신뢰 관계가 필요합니다. 이 신뢰를 유지할 수 없는 상황에서 재일조선인을 채용하는 것은 어려운 일이며 따라서 오사카 시를 비난하는 것은 타당하지 않다고 생각합니다.

여러분은 이 학생의 의견을 어떻게 생각하는지 매우 궁금합니다. 많은 사람들이 '재일조선인을 불쾌하게 생각하는 것은 좋지 않다'고 대답하겠지요. 불쾌하게 생각하는 것은 물론 좋지 않지만, 진짜 문제는 불쾌하게 생각하는지 아닌지가 아닙니다. 같은 주민들 사이에 불쾌한 사람이 있더라도, 불쾌하니까 저 사람은 공무원 시험을 볼 자격이 없다는 이치는 말이 되지 않습니다. 그런 비상식적인 일이 인정된다면, 일본인끼리도 마음에 들지 않는 녀석에게는 시험을 못 보게 해야겠지요.

또 이 의견에는 근본적인 오류가 있습니다. 그것은 '재일조선인을 좋게 생각하지 않는 주민들'이라는 사고방식입니다. 여기에는 '재일조선인은 주민이 아니다'라는 생각이 전제되어 있습니다. '주민 대 재일조선인'이라는 구도입니다.

재일조선인도 주민임을 인식하고 있다면 '주민 대 재일조선인'이라는 발상은 불가능합니다. 재일조선인이 어째서 주민인지 따져볼까요? 간단히 말하면, 그 땅에서 태어나 자랐고, 주민세를 내고 있기 때문입니다. 오사카 시 이쿠노 구는 주민세 수입의 1/4을 재일조선

오사카 시 이쿠노 구에 있는 코리아타운 풍경.(2006년, 사진 안해룡)

인이 납세하는 것으로 알려져 있습니다. 한편으로는 주민세를 내게 하면서, 다른 한편으로는 주민이 아니라고 하는 것은 이상한 논리입니다.

이 학생은 '주민들이 불쾌하게 느낀다'고 썼는데, 그 근거는 불명확합니다. 아마 그저 자신이 재일조선인을 좋지 않게 여기는 것이겠지요. 일본에 사는 주민은 다 자신과 같은 일본인뿐이라고 무의식중에 믿고 있는 것입니다. 그렇기 때문에 재일조선인은 타자니까 배제하는 것이 당연하다는 생각을 '나'라는 주어를 사용하지 않는, 책임지지 않아도 되는 형태로 이야기하는 것은 아닐까요.

후에 이 감상문을 다른 대학의 수업에서 소개하고 학생들에게 의견을 쓰도록 했습니다. 그중 하나를 소개하겠습니다.

나도 이 사람과 같은 의견이다. 재일조선인이기 때문에 차별받는 것은 심하다, 일본인은 최악이다라고 말할지 모르겠다. 그러나 재일조선인은, 모두 다는 아니라 할지라도, 비열한 범죄를 저지른다. 인터넷에서 조사해보면 알 수 있다. 최근에는 5월에 한 여고생이 재일조선인 남자에게 강간당했다는 뉴스가 있었다. 자기 나라에 살고 있는 조선인이 보면, 일본에서 일어난 일 따위는 모르겠고, 자신과 상관없다고 생각하는 사람이 있을지 모르지만, 피해자 입장에서 보면 재일조선인을 증오할 거라고 생각한다. 그런 이유에서 차별이 생겨나는 것은 아닐까. 역사를 뒷배로 하여 일본을 부정적으로 보고 있는 것은 아닐까. 일본 국내에서 범죄를 저질러도 된다고 생각하는 것은 아닐까. 일본인뿐 아니라 재일조선인도 일본을 차별하고 있는 것은 아닐까. 역사를 이용해 계속 약자의 입장에 있는 것은 비겁하지 않은가. 언제까지나 뒤만 바라보고 앞을 보지 않기 때문에 차별이 사라지지 않는 것이다. 나는 그렇게 생각한다.

우선, 이렇게 '재일조선인은 범죄자다'라고 규정지어버리는 이야기를, 재일조선인이라고 알려진 저에게 말하는 것은 일종의 인종차별적 폭행이자 증오 범죄라고 할 수 있습니다.

그런데 '재일조선인은 비열한 범죄를 저지른다, 인터넷에서 조사하면 알 수 있다'고 합니다. '5월의 여고생 강간 사건'이라는 것에 대해, 저는 전혀 모릅니다. 아마 인터넷에서 재일조선인이 그런 범죄에 관여하고 있다는 소문이, 사실과 거짓이 섞여서 유포되고 있는 것이겠지요. 그리고 오로지 그런 것만 보고 사물을 판단하는 젊은이들이 있습니다.

그런 '강간 사건'이 실제로 있었다고 가정하고는, 그것이 조선인 전체의 책임이고, 그러니 조선인은 공무원이 될 수 없게 하는 차별은 필요하다는 것이 이 사람의 논지입니다. 이는 범죄와 인종, 민족 집단을 연결하는 전형적인 인종차별적 발상입니다. 생각해볼 것도 없이, 일본인을 포함하는 모든 인종 집단, 민족 집단 중에 많든 적든 범죄자가 있을 것입니다. 그것이 그 집단을 배제하는 이유가 된다고 한다면, 일본인은 물론 아무도 공무원이 될 수 없습니다.

어떤 사람이 범죄를 저질렀을 때, 그 사람이 지은 죄의 원인을 그 집단과 연결해서 '어느 나라 사람이니까' 하는 경우가 있는데, 이것만큼 단순하고 위험한 결론은 없습니다. 개인과, 그가 속한(속한 것으로 되어 있는) 집단을 분리해 생각하는 것이 중요합니다. 그리고 누군가가 범죄를 저질렀을 때에는 그가 왜 그런 일을 했는지, 가난 때문인지, 교육을 받지 못해서인지, 부모에게 사랑받지 못해서인지, 무언가 다른 이유가 있는지 등을 깊이 생각해서 원인을 추궁하지 않으면 앞으로도 비슷한 일을 막을 수 없습니다.

그리고 '역사를 이용해서, 계속 약자 입장에 서는 것은 비겁하다'고 하는데, 문 씨는 공무원 시험을 보는 것 자체를 거부당한 것입니다. 그는 능력이 있는데도 시험을 보는 것이 허용되지 않은 '약자'였던 것이지, '역사를 이용해 자신을 약자로' 한 것이 아닙니다.

'뒤만 바라보고 앞을 보지 않는다'는 것도, 윗세대가 늘 입에 달고 지냈던 상투어지요. 취업으로 가는 문이 처음부터 닫혀 있는 사람에게 '앞'을 향하라고 하는데 '앞'이란 어디입니까? 포기하고 불평등을 인정하는 것이 '앞'인가요? 학생 자신은 어떤 '앞'으로 나아가고 싶은 것입니까?

이 감상문을 쓴 학생과는 별개로, 많은 학생들이 '역시 공무원은 언어에 불편함이 없는 일본인이 되는 것이 좋겠다'고 했습니다. 어떤 언어를 불편함 없이 사용할 수 있는지 없는지는, 분명히 어떤 직업에 종사하는 조건이 될 수 있겠지요. 그러나 그것과 국적은 관계가 없습니다. 재일조선인은 일본에서 태어나고 자라, 일본에서 일상생활을 하고 있는 사람들입니다. 그들의 일본어 능력이 일반적인 일본인과 비교해 뒤떨어질 리 없습니다.

그러므로 이런 의견을 고수하려면 정확하게는 '일정한 일본어 능력을 취직 자격으로 요구해야 한다'고 해야겠지요. 그것을 '일본인이 아니면 안 된다'고 하는 것은 일본어는 일본인만 할 수 있다는 잘못된 고정관념에 사로잡혀 있다는 증거이거나, 아니면 어떻게든 재일 외국인이 공무원이 되는 것을 막는 구실을 찾고 있다는 증거가 아닐까요?

'일본인끼리는 신뢰 관계가 있는데 그런 것이 없는 외국인이 공무원이 된다는 데 저항감이 든다'는 학생도 있었습니다. 그러나 그게 사실일까요? 일본인 정치가나 공무원이라면 수뢰나 허위 정보 기재 등 지위를 이용한 범죄를 저지르지 않을까요? 현재 일본 사회에서는 지위가 높은 공무원일수록 일본인 비중이 높습니다. 일본인이라 신뢰할 수 있다면 이러한 범죄는 존재할 리가 없겠지요. 반대로 재일조선인은 대부분 공무원이 될 수 없기 때문에 이런 공무원 범죄를 저지른 적이 거의 없습니다. 그런데 왜 재일조선인은 신뢰할 수 없고, '같은 일본인이라면' 신뢰할 수 있는 것입니까?

또 이런 글도 있었습니다.

> 외국인의 공무원 임용에 관해서, 외국인을 전면적으로 배제하는 것에 대한 합리성은 별개로 하고, 헌법의 권리가 외국인에게 미친다고 해석할 필요는 없다고 생각하는 것이 일반적이다. 그들이 공무원을 하는 것이 불쾌해서가 아니라 어디까지나 그 상황이 위험하기 때문

이다. 주민세를 내고 있으니 국민이라고 해도 그의 친족을 포함하는 성장 과정에서 보았을 때 일본에 위험성을 내포하고 있어, 공무원의 책임까지 그에게 지울 수는 없다고 법이 판단하는 것이다. 어디까지나 그런 것이다.

문장의 의미가 명확하지 않은데, 헌법상 외국인은 공무원을 할 수 없다는 것이 일반적인 생각이라고 쓰여 있습니다.

우선 지적할 것은 '헌법에 그렇게 정해져 있다'는 말은 틀렸습니다. 일본 국적이 없는 자는 예외의 경우를 제외하고는 공무원이 될 수 없다는 것은 헌법에 명기된 것이 아닙니다. 그것은 정부(내각 법제국)의 견해입니다.

게다가 '법에 정해져 있기 때문에 어쩔 수 없다'는 자세는 '신민'(통치받는 사람)의 발상입니다. 법이 정하고 있다면, 왜 그렇게 정하고 있는지, 그렇게 정하는 것은 정당한지 스스로 생각해야 합니다. 이 학생이 '국가가 정한 것이니까'라고 말하는 이유는, 사실상 그것이 자신에게 유리하다고 생각하기 때문이겠지요. 가령 현재도 메이지 헌법 그대로 여성에게 참정권이 인정되지 않고 있다면 여성들이 '국가가 그렇게 정했기 때문에 어쩔 수 없다'고 말하지는 않을 겁니다. 여성에게 참정권이 없어도 아무렇지 않은 사람들, 즉 특권을 누리는 머조리티가 그런 말을 하는 것입니다.

또 '친족을 포함하는 성장 과정에서 보아 반란의 위험을 내포하고 있다'고도 썼는데, 이것은 매우 위험한 발상입니다.

어떤 사람이 국가의 안전에 위험한지 아닌지를 그 '친족을 포함하는 성장 과정'으로 거슬러 올라가 조사해 판정하는 것이 가능할까요? 그런 짓을 한다면 이는 말할 수 없이 판인권적, 비인도적인 짓입니다. 일본의 정치 체제에 저항하는 사람들, 예를 들면 일본의 침략 전쟁 시기에 반전 운동을 한 사람들이나, 국가가 원전 정책을 추진했을 때 원전에 반대한 사람 등, 국가의 방침에 반대하는 사람이나 그런 친족이 있는 사람들은 공무원을 해서는 안 된다는 뜻이 되니까요.

주민의 이익과 국가의 이익이 충돌할 때에는 주민 편에 서는 것이 공무원의 임무가 아닐까요. 재일조선인도 일본 사회의 주민이므로 틀림없이 주민의 이익과 안전을 기준으로 행동할 것이라고 생각하는 편이 합리적인 사고방식입니다.

이렇듯 만사를 국가에 대한 복종을 대전제로 하여 생각하는 사람들을 많이 볼 수 있습니다. 그런 사람은 국가와 자신을 하나로 여깁니다. 그러나 우리 스스로 제도나 법의 선악을 판단한다는 근본적인 주체성이 없으면, 전쟁에 나가 적을 죽이고 오라고 국가가 명령했을 때, 그 선악을 판단하지 않고 묵묵히 전쟁을 수행하게 됩니다.

편견으로 제도상의 차별을 정당화하는 심리와, 국가가 명하는 것에는 무비판적으로 따르는 주체성 없는 심리가 합쳐져, 일본 사회의 차별적인 제도가 좀처럼 개선되지 않는 것입니다.

재일조선인이 일본 사회를 비판하면 '그럼 한국은 얼마나 나은가'라든지 '북조선도 별다르지 않다'라는 반응이 돌아오는 경우가 많습니다. 이것 역시 그 재일조선인을 '한국'이나 '북조선'이라는 나라와 연결 지어 대응하려는 잘못된 발상입니다. 그 재일조선인은 한국이나 북조선의 국가 대표가 아닙니다. 또 설령 '한국'이나 '북조선'에 문제가 있다고 해서, 그것이 그 재일조선인에 대한 차별을 정당화하는 이유가 될 수 있을까요? 재일조선인은 일본 사회의 주민이므로 자신들이 살고 있는 사회를 조금이라도 좋게 만들고 싶은 마음에서 필요한 비판을 하는 것입니다.

'저 사람들은 국민이 아니니까 차별받아도 어쩔 수 없다'는 지점에서 생각을 멈추는 것은 '나는 국민이니까 우대받는 것이 당연하다'고 말하는 것과 같습니다. '저 사람들'에 대해 상상하지 않는 것은 자기 자신에 대해서도 생각을 멈추는 것이며, 타자에 대한 상상력이 없어지는 것은 자신에 대한 상상력도 없어지는 것입니다.

저는 인간에게는 반드시 정의를 추구하는 마음이 있다고 믿습니다. 차별을 '이지메'에 비유하는 것은, 적절한 부분도 있고 그렇지 않은 부분도 있기 때문에 주의가 필요한데, 여기서는 이지메를 예로 들어보겠습니다. 대부분의 사람들에게는 '이지메 당하고 싶지 않다'는 마음과 동시에 '이지메 하고 싶지 않다'는 마음이 있지 않을까요.

이지메 당하는 것을 보고도 아무 말 못했다거나 혹은 그 상황의 분위기 때문에 이지메 하는 쪽에 동조한 경험은 없습니까? 그럴 때 '그런 나 자신이 싫은 기분'을 느끼지 않았습니까? 다수자나 제도에 맞서는 것은 용기가 필요한 일입니다. 쉽게 할 수 있는 일이 아닙니다. 그러나 '이지메를 제지했어야 했는데 나는 약하기 때문에 할 수 없었다'라고 반성하는 것과, '이지메 당하는 것은 내가 아니니까 상관없다', '제지하지 않는 것이 영리한 생존 방식이다'라고 정당화하는 것은 전혀 다릅니다. 1부에서 소개한 가토 아츠미 씨처럼, 교실에서 누군가 이지메 당하는 것을 보았을 때 제지할 수는 없더라도, '그것을 잠자코 보고 있는 자신이 너무 싫다'고 생각하는 것은 중요합니다. '싫다'고 생각하는 것이 최후의 보루라고 생각합니다.

끝으로 일본이 차별 없는 사회가 되기 위해 지금부터 지향해야 할 방향이나 해야 할 일에 대해 제 생각을 이야기하겠습니다.

(1) 식민지 지배와 재일조선인의 역사를 제대로 배운다.
식민지 지배의 역사뿐 아니라 식민지주의가 전후 어떻게 되었나와 함께, 그 결과 권리를 빼앗긴 재일조선인이 일본에 있다는 사실을 배우는 것입니다. 식민지주의가 현재와 어떻게 연결되어 있는지를 알아야 합니다.

그러기 위해서는 모든 조선인을 대상으로 국회에서 사죄 결의를 해야 합니다. 모든 조선인을 대상으로 하는 것이 중요합니다. 한국에 피해를 입혔다고 하는 것은 국가 간의 이야기일 뿐입니다. 한국 국민이 아니라도 북조선 사람, 조선적 재일조선인처럼 사실상의 무국적자와 이미 일본적으로 귀화한 사람도 포함해서, 과거 식민지 지배의 대상이었던 조선인 개개인에 대해, 얼마나 심한 일을 했는지 명확히 하고, 그것을 일본 국민의 공통 인식으로 하는 것입니다.

이것은 아득히 먼 목표지만, 그렇다고 포기할 수는 없습니다. 한국이 요구하니까, 중국이 요구하니까 해야 하는 일이 아니라, 일본 스스로를 위해서 과거와 마주해야 합니다. 이런 과정 없이는 몇 세대가 지나도, 조선인과 일본인의 진정한 화해는 불가능할 것입니다. 화해는커녕 세대가 흐를수록 문제의 원인이나 경위는 잊혀지고, 그저 감정 대립만이 계속 남아 화해의 기회를 상실하게 될 것입니다. 젊은 세대에게 그런 시대를 넘겨주고 싶지 않습니다.

(2) 단일성을 뛰어넘어 다양성 있는 사회를 실현한다.

식민지 시대의 일본은 차별적인 다민족 국가였습니다. 전후, 일본은 단일민족 국가가 되었습니다. 그 모순의 앞뒤를 맞추기 위한 것이 '민족의 우열'에서 '국적의 유무'로 차별 형태를 전환한 것임을 앞에서 이야기했습니다.

지금까지 단일성이 당연한 것처럼 여겨졌던 일본 사회를, 차별적이지 않은 다양성 사회로 만들기 위해서는 공무담임권이나 참정권 등의 제도적인 차별을 없애가야 합니다. 제도적인 차별과 심리적인 차별은 서로 밀접한 관계에 있습니다. 패전 후 민주주의 사회가 된 일본에서는 표면적으로 차별이 허용되지 않았고, 차별을 없애야 한다는 의식이 공유되었습니다. 그렇지만 제도에는 반영되지 않았습니다. 제도적인 차별을 바꾸지 않으면, 심리적인 차별도 없어지지 않습니다.

예를 들면 노르웨이에서는 법적, 제도적으로 여성 의원의 비율이 몇 퍼센트 이상이 되어야 한다고 정하고, 그 실현을 위해 모두가 노력('쿼터제')함으로써 사람들의 심리도, 사회도 변했습니다. 차별적이지 않은 다양한 사회를 실현하기 위해서는, 제도를 하나씩 개선해가야 합니다.

(3) 타자의 아픔을 상상하고, 정의를 추구하는 마음이 존중되는 사회를 만든다.

타자의 아픔을 상상하는 태도가 필요하다는 사실을 부정하는 사람은 없습니다. 중요한 것은 타자가 구체적으로 어떤 아픔을 겪고 있는지 의식적으로 상상해보는 것입니다.

그리고 정의를 추구하는 마음이 존중되는 사회 분위기를 만들어야 합니다.

일본 사회에서는 '정의를 추구한다'고 하면 '열렬하다'든지, '시끄럽게 떠든다'든지, '폼 잡는다'든지 하여 친구들 사이에서 소외되는 분위기가 몇 십 년이나 계속되고 있습니다. 올바른 것을 주장하는 사람이 주저하고 몸을 움츠려야 하는 분위기입니다.

누군가 이지메 당하고 있을 때, '이지메 해서는 안 된다'고 말하는 사람이 '나도 이지메 당하는 것은 아닐까' 하고 걱정해야 하는 것이 지금의 일본 분위기입니다. 그렇지만 온 세상이 이런 분위기인 것은 아닙니다. 이지메 당할 걱정 없이 정의를 주장할 수 있는 사회야말로 마땅히 존재해야 할 사회입니다.

자신이 이지메 당하지 않기 위해 이지메 하는 것에 동조하거나, 보고도 못 본 척하고 있지는 않습니까? 그런 자신이 싫지만, 그 '싫다'고 생각하는 자신을 억누르지 않으면 살아갈 수 없다고 생각하고 있지는 않습니까? 여러분을 그렇게 만든 것은, 이 사회의 어른들입니다. 그 어른들이 여러분을 속이고 있기 때문입니다.

일본은 식민지 지배에 의해 타자를 차별함으로써 현재의 사회를 만들었는데, 그 책임과 마주하지 않고, '과거에 여러 가지 일이 있었지만, 바른 말만 해서는 살아갈 수 없다'며 거짓말을 해왔습니다.

'히노마루'는 식민지주의의 상징이었고, '기미가요'는 천황을 찬미하는 노래입니다. 일본 사회의 적지 않은 어른들이 그렇게 주장했던 시기가 있었습니다. 그들은 옛날과 같은, 자유가 없는 생활은 두 번 다시 하고 싶지 않다, 전쟁은 이제 지긋지긋하다고 분명히 주장했습니다. 그런데 오늘날은 어떻습니까? '히노마루'와 '기미가요'를 강제하고, 기립하지 않은 선생님이 처벌당하는 학교에서, 어떻게 식민지 지배를 잘못이라고 가르칠 수 있겠습니까? 어떻게 침략 전쟁을 옳지 않다고 할 수 있겠습니까?

그렇게 어른들이 속여왔기 때문에, 어린이들과 젊은이들이 정의의 가치를 발견하지 못하는 것이라고 생각합니다. 이런 풍조를 바꿔야 합니다. 힘들고 어려운 먼 목표지만, 그런 지향이 없으면, 개인이 국가에 종속될 수밖에 없는 사회를 바꿀 수 없습니다.

옳다고 생각하는 것을 거리낌 없이 말할 수 있는 사회. 개개인의 소중한 가치가 인정되는 사회. 인간이 갖고 있는 개성, 자질이 있는 그대로 인정되는 사회. '저 녀석은 다르다'는 사람이 있으면 '네, 다릅니다. 그게 좋은 겁니다'라고 대답할 수 있는 사회. 나와 다른 사람들이 다름을 서로 인정하며 함께 사는 사회. 이런 꿈이 실현되면, 일본은 재일조선인에게뿐 아니라 일본인에게도 살기 좋은 사회로 바뀔 것입니다.

● 옮긴이의 글

 지난 7월 초, 한 인터넷 신문에 재일조선인 출신으로 한국에 살고 있는 사람들에 관한 기사가 실렸습니다. 거기에는 한국 남자와 결혼해서, 한국에서 자녀를 키우며 살고 있는, 한국 국적의 재일조선인 3세 여성이, 보건복지부가 0~2세의 자녀가 있는 가정에 지급하는 보육료 지원 대상에서 제외되었다는 내용이 있었습니다. 자녀의 '주민등록번호'가 없다는 것이 그 이유였습니다.
 다른 재일조선인 여성은 '다문화 가정' 관련 지원을 받고자 했는데 어머니의 국적이 한국이라는 이유로 지원 대상에서 제외되었다고 합니다. 주무부서인 보건복지부 담당자에게 문제를 제기하자, 지원을 받으려면 일본 국적으로 귀화하라고 했다는 소식도 함께 실려 있었습니다.
 또 주민등록번호가 없는 어느 재일조선인 여성은, 학령기에 이른

자녀에게 학교와 동사무소 어디에서도 입학에 관한 공문을 보내주지 않아, 같은 연령의 아이가 있는 주변의 한국인 어머니들에게 공문이 왔는지 일일이 확인한 뒤, 동사무소에 가서 서류를 받아 겨우 초등학교에 입학시켰다는 사례도 있었습니다.

이 책의 번역을 마칠 무렵에 이러한 기사들을 접하고 저는 가슴이 먹먹해졌습니다. 이 책은 '국민'의 경계 바깥으로 내몰린 재일조선인들이 일본에서 받고 있는 차별에 대해 설명하고 독자들이 그들의 고통, 나아가 그들을 포함한 타자의 고통에 대해 상상하기를 바라는 내용을 담고 있습니다. 그런데 이 기사들은 한국에 온, 한국 국적의 재일조선인들이 일본에서 못지않게, 모국에서도 큰 차별을 받고 있음을 보여주었습니다.

한국 국적을 갖고 있어도, 재일조선인들은 모국에서 심리적으로, 또 제도적으로 '국민'에 속하지 못하고, 그렇다고 '외국인'도 아닌 채, '재외국민'으로 분류됩니다. 그런데 이 재외국민들에 대한 국내의 처우는, 이쯤 되면 '재외국민'이 아니라 '제외국민'으로 분류하는 것이 아닌가 하는 생각도 들었습니다.

그런데 이 기사를 읽으며 제가 느낀 먹먹함은, 어떻게 자국 국민들에게 이럴 수 있는가 하는 답답함만은 아니었습니다. 그보다는 미안함이 더욱 컸습니다. 특히 재일조선인들이 일본뿐 아니라 국내에서도 이런 어려움을 일상적으로 겪으며 살고 있다는 사실에 미처 관심을 갖지 못했던 것이 내내 미안했습니다.

기사 속의 여성들은 우리와 똑같이 학생으로, 직장인으로, 주부로 살면서 경제 활동을 하고 세금도 내며 내수 진작, 인재 확충, 인구 증가 등 우리 사회의 여러 지표 향상에 뚜렷한 형태로 기여하고 있는 중요한 구성원들입니다. 그럼에도 불구하고 권리를 향유할 기회에서는 이렇게 배제당하고 있는데, 저를 비롯한 대부분의 다수자는 그 사실을 알지 못하고, 또 알려고도 하지 않았습니다.

저는 한국 국적으로, 가족과 함께 아마도 몇 대에 걸쳐 한국 사회에서 살고 있으니, 이 사회에서 적어도 '민족적'으로는 다수자에 속합니다. (위의 기사에 소개된 재일조선인 여성들도 한국에 살고 있는 이상, 민족적으로는 저와 같은 민족임에도 불구하고 이런 차별을 받고 있으니 더욱 안타까운 일입니다.) 저는 '주민등록번호'가 있어서 경제 활동이나 행정 서비스에서 국적이나 민족 때문에 불편을 경험한 적이 거의 없으니 '주민등록번호' 없이 살아가는 사람들의 고통에 큰 관심이 없었던 것입니다. (국민에게 일괄적으로 번호를 부여하여 관리하는 주민등록번호라는 시스템에 대해 여러 문제점이 제기되고 있지만, 그 주민등록번호조차 없는 사람들이 겪는 불편이나 고통은 또 얼마나 다대할까요.)

비단 민족적 소수자의 문제만이 아닙니다. 우리 사회에도 일본의 재일조선인처럼 다양한 마이너리티가 있습니다. 장애인, 비정규직, 외국인 노동자 등 사회 곳곳에서 다양한 차별에 노출되어 살아가는 사람들이 겪고 있는 일상의 문제들에 대해, 다수자의 편에 있는 사람들은 잘 알지 못합니다. 사회가 다수자, 강자를 중심으로 돌아가기 때문에 마이너리티들의 고통, 차별, 불합리에 대해서는 인식하기 힘든 것입니다. 인식하지 못하기 때문에 우리 사회에 차별은 없다고 자기중심적으로 말하기도 합니다. 한 발 더 나아가 우리는 이미 '선진 민주 사회'에 들어섰으며, 누구에게나 언로가 열려 있다고 확신하는 사람들도 있습니다. 그래서 마이너리티들이 차별의 고통을 호소하면 왜 그런 차별을 참고만 있는가, 강력히 항의하면 해결되지 않는가 하고 되려 반문합니다. 또 이들이 힘을 내어 차별에 대해 이야기하고 개선을 요구할 때, 절차를 무시한 '떼쟁이들의 억지' 또는 '시끄러운 소란'이라고 비난하거나, 다수자 중심의 기존 질서에 '먼저' 순응할 것을 요구합니다.

한국의 독자들이 이 책을 읽고 단순히 재일조선인을 차별하는 일본을 비난하거나, 재일조선인을 가여운 사람들로 규정하는 것으로만 독서를 마치지 않고 일본인 속에서 자신을 발견하기 바란다는 저자의 당부는 그런 점에서 더욱 의미 있다고 생각됩니다.

이 책은 재일조선인들의 역사를 중점적으로 이야기하고 있지만, 비단 재일조선인들의 고통만을 호소하고 있지는 않습니다. 재일조선인과 같은 마이너리티, 혹은 소외받는 타자의 고통에 대해 알고, 이해하고, 또 그 고통을 상상해보기를 주문합니다. 타자의 고통에 대해 알고 상상하다 보면, 함께하게 되고, 함께하다 보면 사회를 더 나은 방향으로 이끌고 갈 동력이 생길 것입니다. 중요한 것은 그러한 동력이 마이너리티에게만 유용한 것은 아니라는 점입니다. 이 책에서 말하듯, 더 좋은 사회가 만들어지면 그 사회는 차별받는 마이너리티뿐만 아니라 다수자들에도 좋은 사회가 됩니다.

이 책에서는 재일조선인이라는 마이너리티의 고통을 때로 이지메당하는 학생의 고통에 비유하고 있습니다. 이러한 비유를 보며 저는 최근 한국 사회를 떠들썩하게 했던, 학교 폭력과 그에 따른 학생들의 자살 소식을 떠올렸습니다. 어린 학생들의 자살 소식에서 자주 들려오는 이야기는 가해 학생들 대부분이 잔혹한 학교 폭력에 대해 '장난이었다', '그렇게 괴로워하는지 몰랐다'고 생각했다는 것입니다.

고통에 대한 공감과 이해는 저절로 생겨나는 것이 아닙니다. 타자에 대해 알고, 배우고, 또 그 마음을 헤아리려는 부단한 노력이 필요한 일입니다. 특히 저를 비롯해 어른들이 타자의 고통에 대해 무관심해하고 상상하려고 하지 않으면 더 어린 세대들이 고통에 대한 감수성을 기를 수 없습니다. 제도적인 차별, 심리적인 차별이 만연하고, 명백하게 불합리한 일들이 벌어지고 있는데도, 나와 내 가족의 문제가 아니라서, 바쁘고 귀찮아서, 혹은 누군가의 희생이 필요해서 무관심한 상태로 계속 둔다면, 차별과 고통은 줄어들지 않고 세대를 이어 계속 반복될 수밖에 없습니다. 그런 의미에서 재일조선인의 역사에 대해 바로 알리는 일은 윗세대로서 젊은 세대에 대해 갖고 있는 책임을 다하는 일이라는 저자의 말에 깊이 공감합니다.

이 책의 저자인 서경식 선생님은 이 책을 집필하는 일이 '차별 없는 미래를 향해 함께 나아가기 위해 어떻게 하면 좋을지 생각하고자 하는 도전'이라고 하셨습니다. 그 도전에 함께할 수 있어서 기쁘고,

기회를 주신 서경식 선생님께 진심으로 감사드립니다. 그리고 번역 작업 내내 즐겁게 일할 수 있도록 세심하게 배려해준 반비 출판사의 김희진 씨와 김선아 씨에게도 감사드립니다.

형진의

• 에필로그

2012년 초, 편집자인 이치카와 하루미(市川はるみ) 씨가 이 책의 기획을 제안했을 때, 저는 몹시 망설였습니다. '재일조선인은 누구인가'라는 테마에 대해 중학생들도 이해할 수 있도록 쉽게 이야기하는 것이 과연 가능한 일인가 싶었기 때문입니다. 일반적으로 입문서 성격의 책일수록 쓰기 어렵다고 생각합니다. 필자 스스로 그 내용을 얼마만큼 이해하고 있는가에 책의 완성도가 달려 있기 때문입니다. 그리고 쉬운 말로 쓰려고 하면, 사안을 단순화하기 쉽습니다.

이 책의 테마를 단순화하지 않고 풀어내는 것은 어렵습니다. 하지만 어른들이 단순화한 '정답'을 가르치고 젊은이들은 그것을 통째로 암기하는 학습 방법은 잘못된 것입니다. '차별하면 안 된다'라는 표어를 암기하더라도, 무엇이 차별인지, 그것이 어떻게 만들어지고, 왜 존재하는지 모르면 차별은 없어지지 않습니다. 사안의 복잡함을 최대한 직시하고, 얽힌 부분을 푸는 방법을 자신의 머리로 생각해봐야 합니다. 그런 의미에서 늘 단순화야말로 차별의 온상이라고 생각하는 저는, 이 어려운 일에 도전해야겠다고 생각을 바꿨습니다.

'재일조선인은 누구인가'라는 테마에 대해, 제가 대학에서 강의하기 시작한 지 어언 20년이 됩니다. 이 20년 동안, 일본 사회의 젊은 이들을 향해 이야기한 내용을 이번 책으로 정리하고자 하는 마음으로, 용기를 내어 이치카와 씨의 제안을 받아들이기로 한 것입니다.

이야기가 일방적인 자기만족으로 끝나지 않도록, 도쿄게이자이대학(東京經濟大學)의 학생인 미우라 히로유키(三浦弘行) 씨, 노무라 토모히로(野村和宏) 씨, 나가하타 히로시(長畑洋) 씨, 편집자 이치카와 씨를 대상으로 매주 한 시간 반씩 강의하는 형식으로 진행했습니다. 그 연속 강의를 모아 정리한 것이 이 책입니다. 원고의 정리, 교정, 표와 연표의 작성은 히토쓰바시대학(一橋大學) 대학원 언어사회연구과에 재학 중인 리행리(李杏理) 씨가 도와주셨습니다. 이 분들의 협조가 없었다면 이 책은 완성되지 못했을 것입니다. 이 지면을 빌어 감사드립니다.

이 책은 복잡한 사안을 쉬운 말로 풀어, 차별 없는 미래를 향해 함께 나아가기 위해서는 어떻게 하면 좋을지에 대해 생각하고자 하는 도전입니다. 저의 도전이 성공했는지 실패했는지, 독자 여러분의 판단을 기다리겠습니다.

2011년 11월 27일
서경식

• 관 련 연 표

연도	일본 연호	주요 사건
1854		흑선, 전년에 이어 재차 내항, 미일화친조약(가나가와조약) 체결.
1868	메이지 1	도쿠가와 막부 멸망, 메이지유신.
1875	8	일본 군함 운양호, 조선 강화도 근처에 침입(강화도사건).
1876	9	강화도조약(조일수호조규) 조인.
1894	27	동학농민운동 시작, 청일전쟁 시작.
1895	28	청일강화조약(시모노세키조약) 체결.
1897	30	조선, 국호를 '대한제국'으로 바꿈.
1904	37	러일전쟁 시작. 제1차 한일협약 조인.
1905	38	러일강화조약(포츠머스조약) 조인. 제2차 한일협약 조인(일본, 조선의 외교권을 장악). 한국 통감부 설치.

1907	40	헤이그 밀사 사건. 제3차 한일협약 조인(일본, 조선의 내정 전반을 장악).
1909	42	안중근, 이토 히로부미 사살. 조선에서 민적법 공포·시행.
1910	43	한국 병합, 조선총독부 설치.(조선인은 일본 국적을 갖는 일본신민이 되었다)
1911	44	조선 교육령 반포.
1914	다이쇼 3	제1차 세계대전 발발(~18년).
1919	8	3·1운동. 조선인 도항 제한.
1922	11	제2차 조선 교육령. 조선 호적령 반포(내지로의 전적은 금지.)
1923	12	관동대지진(조선인 학살이 일어남).
1931	쇼와 6	만주사변.
1932	7	상해사변. 만주국 성립.
1936	11	'내선일체' 슬로건 아래 황민화 정책 실시.
1937	12	노구교(盧溝橋) 사건, 중일전쟁 시작. '황국 신민의 서사' 제정.
1939	14	제2차 세계대전 시작(~45년). 조선에 국민 징용령 시행.
1940	15	창씨개명 실시.
1941	16	태평양전쟁 시작(일본, 미영과 전쟁 개시).
1943	18	국민동원계획(국가에 의한 노동력 동원).
1944	19	조선인에게 징병제 실시.
1945	20	일본 패전, 조선 해방. 조선은 미국과 소련이 남북으로 분할 점령.
		(조선인은 '강화조약 체결까지 계속 일본 국적 보유자'로 된다.)
1947	22	외국인 등록령 시행.(조선인은 '당분간, 외국인으로 간주한다.')
		일본국헌법 시행.
1948	23	대한민국 성립(8월). 조선민주주의인민공화국 성립(9월).
1949	24	중화인민공화국 성립.

1950	25	조선전쟁 시작.
1952	27	샌프란시스코조약 발효.
		일본 거주 구 식민지 출신자(조선인, 대만인) 일본 국적 상실.
1953	28	조선전쟁 휴전 협정 조인.
1965	40	한일기본조약 체결.
		미국, 베트남 폭격 개시. 한국, 베트남전쟁에 파병.
1972	47	남북공동성명 발표.
1974	49	아마가사키, 니시노미야 등지에서 재일조선인의 공무원 채용.
		히타치 취업 차별 사건, 원고 박종석 씨 승소.
1977	52	대법원 결정으로 김경득 씨, 사법연수생이 됨. 한국 국적 변호사 탄생.
1990	헤이세이 2	최초의 남북정상회담.
1991	3	조일국교정상화 교섭 개시. 재일조선인의 공무원 임용에 대해 한일 외무장관 각서 교환. 김학순 씨, 전 일본군 위안부였던 사실을 처음으로 공개. 이후 아시아 각국에서 다수의 전 위안부가 사실을 공개.
2000	12	남북정상회담·'남북공동선언' 발표. 남북 이산가족 상호 방문.
2002	14	조일정상회담·'조일평양선언' 합의. 조선민주주의인민공화국과 일본의 국교 교섭이 시작되었으나, 일본인 납치 문제로 중단.

역사의 증인, 재일조선인
한일 젊은 세대를 위한 서경식의 바른 역사 강의

1판 1쇄 펴냄 2012년 8월 10일
1판 8쇄 펴냄 2022년 11월 7일

지은이 서경식
옮긴이 형진의
펴낸이 박상준
펴낸곳 반비

출판등록 1997. 3. 24.(제16-1444호)
(우)06027 서울특별시 강남구 도산대로1길 62
대표전화 515-2000, 팩시밀리 515-2007
편집부 517-4263, 팩시밀리 514-2329

한국어 판 ⓒ (주)사이언스북스, 2012. Printed in Seoul, Korea.

ISBN 978-89-8371-435-0 03910

반비는 민음사출판그룹의 인문·교양 브랜드입니다.
블로그 http://blog.naver.com/banbibooks
페이스북 http://www.facebook.com/Banbibooks
트위터 http://twitter.com/banbibooks